Erfolgreiche Autoren

Helga Schittek	helga-schittek.weebly.com/
Sabine Beuke	www.sabinebeuke.de/
Heike Führ	multiple-arts.com/
Katja Driemel	www.engelskarten4life.de/
Marion Birkenbeil	www.marion-birkenbeil-autorin.net/
Manfred Herrmann	www.manfred-herrmann.de/
Eva Schatz	literatur-rezensionen-buchtipps.jimdo.com/

Jutta Schütz

ERFOLGREICHES SCHREIBEN

Tipps für Autoren

Inhaltsverzeichnis

Einleitung

"Schreiben ist leicht. Man muss nur die falschen Wörter weglassen"
Mark Twain

Einfach wird der Weg zum eigenen Buch nicht werden, da möchte ich keine falschen Hoffnungen wecken. Die Entstehung eines Buches ist ein langer, oft schmerzhafter Prozess.

Ich möchte in Ihnen einen realistischen und kritischen Blick auf Ihre Arbeit fördern und gleichzeitig auch Mut machen, nicht aufzugeben.

UND, geben Sie Ihr Manuskript NIEMALS zu früh aus der Hand, denn es enthält viel interessanten Rohstoff.

Haben Sie es geschafft, dass ein Buch veröffentlicht wird, heißt dies noch lange nicht, dass Sie als Schriftsteller davon leben können.

Ein Buch braucht oft ein oder zwei Jahre, bis es sich gut verkaufen lässt und der Autor sollte die Vermarktung seines Buches auch nicht alleine dem Verlag überlassen.

Der Erfolg eines Autors lässt sich an den Verkaufszahlen seiner Werke ablesen und dem gewachsenen Renommee seiner Person.

Prosa-, Lyrik-, Sachbuch,
Kinder- oder Jugendbuch

❖ *Prosa*

Prosa sind Romane, Erzählungen, Kurzgeschichten und Novellen. In der Geschichte sollte es gleich zum Anfang einen Konflikt geben, der den Leser dazu bringt, weiterzulesen. Die Figuren sollten Tiefe entwickeln und die Handlung Höhepunkte.

❖ *Lyrik*

Eine Lyrik wird oft spontan geschrieben und sollte bei allen Lesern Gefühle hervorrufen. Sie ist eine der frühen literarischen Formen.

Bis heute steht Lyrik in einer gewissen Beziehung zu der Musik.

Als Lyrik, die zum Spiel der Lyra gehörende Dichtung, bezeichnet man die dritte poetische Gattung neben der Epik und der Dramatik.

❖ *Sachbuch*

Ein Sachbuch sollte eine gründliche Recherche haben und für jeden Laien verständlich geschrieben und angenehm zu lesen sein. Und denken Sie daran - an das Ende eines Sachbuches gehört ein Quellenverzeichnis.

❖ *Kinder- oder Jugendbuch*

Bei Kinderbüchern sind pädagogische Vorgaben wichtig und bei Jugendbüchern werden ähnliche Kriterien und Maßstäbe angelegt.

Die Schriftgröße sollte zirka 14 sein.

Jeder Anfang ist schwer

Erfolgreicher Schriftsteller und Autor zu werden ist schwerer als man am Anfang denkt. Da hat man Monate oder Jahre dazu gebraucht, ein Buch zu schreiben und möchte nun endlich auch sein Werk veröffentlicht sehen.

Wenn Sie dann Ihr Manuskript an Verlage schicken, wird ihr Buch von Lektoren über die literarischen und inhaltlichen Kriterien beurteilt.

Ein Lektor nimmt sich oft nicht mehr Zeit als 30 Minuten. Er überfliegt das Anschreiben, Exposé und Inhaltsverzeichnis und liest oft nur die ersten 20 bis 30 Manuskriptseiten, ein paar Seiten in der Mitte und am Ende ein paar Seiten.

Wenn Sie noch nie ein Buch veröffentlicht haben, wird es für Sie sehr schwierig sein, bei einem großen Verlag unter Vertrag zu kommen. Manchmal ist es besser, sich zu Anfang auch mit einem kleineren Verlag zufrieden zu geben. Diese sind oft bereit, auch neue Wege zu gehen und der Autor hat mehr Mitspracherecht an seinem Buch.

Lassen Sie sich nicht entmutigen, sollten Sie Absagen bekommen, mit den Worten:

„Leider passt Ihr Manuskript nicht in unser Programm".

Die Konkurrenz ist sehr groß und Sie müssen damit rechnen, dass große Verlage lieber mit bekannten Autoren zusammen arbeiten möchten.

Die Verlage brauchen mehrere Wochen oder Monate, bis das Lektorat Ihr Manuskript geprüft hat, oder das Manuskript wird gleich wieder „ungelesen" zurück geschickt.

Für den Nachwuchsautor wird viel weniger getan, darum ist es auch sehr wichtig, dass der Autor seine Werbemaßnahmen und Pressearbeit selbst in die Hand nimmt.

Wie bewerbe ich mich bei einem Verlag?

Wenn Sie einem Verlag ein Manuskript anbieten, sollten Sie ein Anschreiben (nicht mehr als eine Seite) dazu legen. Achten Sie darauf, dass Sie Ihre Adresse im Briefkopf stehen haben. Dazu eine zweite Seite „Kurzvita" mit ein paar Worten über Ihre Person (Name, Geburtsdaten, Ausbildung und derzeitiger Beruf).

Ausführlicher darf Ihr Anschreiben nicht werden. Das Exposé (2-4 Seiten) muss neugierig machen und sollte über die Handlung des geplanten Textes informieren.

Bei einem Sachbuch muss das Exposé in einem nüchternen Ton geschrieben sein - mit einer Auflistung der geplanten Kapitel.

Ihr Manuskript wird als ein Stapel loser Blätter eingereicht und es darf keine Eselsohren haben.

Ein Copyright (© by Lydia Schriftsteller) sollte auf jeder Seite enthalten sein. Die Schrift könnte Times Roman, Garamond, Courier oder Arial sein, mit einer Größe von 11–12 Punkt.

Das Manuskript wird auf weißem Papier ausgedruckt - mit einem zirka 4 cm breiten Rand auf der rechten Seite. Die Normseite hat 1.800 Anschläge (30 Zeilen à 60 Zeichen) und der Text steht eineinhalbzeilig.

Wenn Sie in einem Textverarbeitungsprogramm schreiben, können Sie auf jede Seite eine Kopfzeile mit Namen und Adresse sowie Copyright anbringen. Manche Verlage wollen nur die ersten 20 - 50 Seiten Ihres Manuskriptes. Daher schlage ich vor, dass Sie vorab beim Verlag telefonisch anfragen. Oft wird auch auf Rückporto Wert gelegt, das Sie beim Zuschicken Ihres Manuskriptes hinzu legen müssen.

Kurz gesagt: Wenn Sie ein Manuskript an einen Verlag einreichen, egal ob es sich um ein Buch handelt oder nur eine Kurzgeschichte für einen Wettbewerb, halten Sie sich unbedingt an die vom Verlag veröffentlichten Richtlinien. Dies erhöht die Chance, dass Ihr Text überhaupt gelesen wird.

Wenn Sie keine Richtlinien finden können, versuchen Sie Ihr Manuskript als Normseiten abzugeben.

Das Verlagswesen allgemein

In der Phase vor Vertragsabschluss wird der Verlag ein ausführliches Gespräch mit Ihnen führen. Der Verlag wird mit Ihnen den Text besprechen und wird Sie bitten, bestimmte Texte zu überarbeiten.

Es kann sein, dass Sie Ihr Manuskript von 800 Seiten auf 400 Seiten reduzieren müssen, oder von 150 Seiten auf 300 Seiten ausdehnen müssen. Es kann auch vorkommen, dass Ihrem Lektor das Ende Ihrer Geschichte nicht zusagt und er wird Sie um eine andere Entwicklung bitten.

Sie dürfen sich nicht auf Ihre Schreibweise versteifen, sondern müssen dem Verlag gegenüber flexibel bleiben.

Bei kleineren Verlagen hat der Autor mehr Mitspracherecht und Entscheidungsgewalt.

Literaturagenturen und Werbeagenturen sowie Schreibbüros nehmen in der Schriftstellerei immer mehr an Bedeutung zu. Oft sind dies erfahrene Lektoren oder Mitarbeiter aus Lizenzabteilungen von Verlagen. Es gibt keine geregelte Ausbildung oder Berufsverband für diese Agenten.

Ich habe leider oft gehört, dass unerfahrene Autoren abgezockt werden, da es für sie schwer ist, einen guten Überblick über den Buchmarkt zu gewinnen. Welcher unerfahrene Autor weiß schon, wie es hinter den Kulissen eines Verlages zu geht?

Einen wirklich guten Agenten zu finden, der einen professionell vertritt, ist nicht leicht und auch keine Garantie, dass Ihr Manuskript veröffentlich wird. Der Autor muss zudem einen Honoraranteil an den Agenten zahlen, solange sein Buch lieferbar ist.

Sicherlich haben Sie auch von Druckkostenzuschuss-Verlagen gehört. Diese Druckkostenzuschuss-Verlage (DKV) darf man **nicht** mit kleinen Verlagen vergleichen, die vom Autor lediglich ein paar Eigenexemplare als Abnahme verlangen.

Viel zu oft werden diese Klein-Verlage auch in den gleichen Topf mit den DKV geworfen. Druckkostenzuschuss-Verlage verlangen von Autoren zwischen 20 und 100 Euro pro Seite. Damit ist dieses Buch aber nicht lektoriert, sondern es wird so gedruckt, wie Sie es einreichen.

Kleinere Verlage verlangen lediglich ein paar Eigenexemplare zwischen 25 und 50 Büchern. Somit wird wenigstens sichergestellt, dass die Druckkosten gedeckt sind.

Der Autor kann diese Bücher weiterverkaufen oder zu Werbungskosten (Steuererklärung unter Verluste absetzen) verwenden.

Größere Verlage haben mehrere Abteilungen.

Das Lektorat wird Ihre Haupt-Bezugsperson sein und die Herstellungsabteilung entscheidet, wie Ihr Buch aussehen wird.

Die Presseabteilung organisiert Buchpräsentationen und macht Termine mit Journalisten.

In der Vertriebsabteilung werden die Vertreter betreut, die für den Verlag zu den Buchhandlungen reisen.

Die Mitarbeiter werden sich auch um Ihre Lesereise kümmern.

Werbe-Anzeigen sowie die zweimal jährliche Verlagsvorschau werden von der Werbeabteilung organisiert und die Lizenz- und Rechtsabteilung kümmert sich um die Nebenrechte (Übersetzungen, Taschenbuch, Hörfunk, TV). Wenn Sie viel Zeit haben und das richtige Know-how besitzen, können Sie auch einen Selbstverlag gründen.

Leider schaffen es diese Selbstverlage selten die Eigen-Investition wieder einzuspielen und es signalisiert auch, dass Sie keinen Verlag für Ihr Buch gefunden haben. Man sollte den Zeitaufwand sowie die Kosten nicht unterschätzen und man sollte sich auch auskennen in der Kalkulation, Formalitäten und dem Verlagswesen.

Ein Selbstverlag eignet sich auch nur für ein Nischenpublikum mit definierter Zielgruppe.

Wichtig ist, dass Sie eine Druckerei finden, die bereit ist, auch „nur“ zirka 500 Buchexemplare zu drucken und nicht schon eine Auflage von zirka 3.000 Exemplaren.

Sie müssen sich als Verleger an den Ladenpreisen anderer Bücher orientieren, sowie auch alle Rechte klären.

Berücksichtigen Sie alle Urheber-Rechte und legen Sie sich einen guten Steuerberater zu, der zudem auch etwas Ahnung vom Verlagsrecht hat.

Infos zu Verlagskosten

Der Buchhandelsrabatt beträgt meist zwischen 30 bis über 50%. Bei kleinen Verlagen, so wie es der Rosengarten-Verlag noch ist, ist die sogenannte Barsortimentsquote aber sehr hoch. Das heißt: 55 bis zirka 75% des Verkaufs laufen meist über den Zwischenbuchhandel. Dieser bekommt mehr Rabatt als ein normaler Buchhändler.

Für diesen Betrag muss das Buch hergestellt werden. Der Verlag bezahlt für: Lektorat, Satz, Druck, Shop, Marketing, Rezensionsexemplare, VLB, ISBN, Steuern und Verbandsmitgliedschaften. Manchmal bleibt dem Verlag kaum mehr als er dem Autor zugesteht. Dazu kommen noch die Auslieferungsgebühren und anteilige Kosten für die Vertreter.

Der Verlag verdient also sehr wenig an den einzelnen Büchern, oft werden diese sogar quersubventioniert durch Bestseller. Die Autorenverträge sind üblicherweise an die Empfehlung des Börsenvereins des deutschen Buchhandels angelehnt, können aber auch unterschiedlich und verhandlungsfähig sein. Es gibt viele Möglichkeiten, ein gedrucktes Buch zu veröffentlichen, so viele, dass der Buchmarkt jährlich von Novitäten überrollt wird.

Autoren-Honorare

Das Autoren-Honorar ist Verhandlungssache. Dem Neu-Autor fehlt immer das Wissen und Gespür, wie hoch sein Honorar anzusetzen ist. Sie sollten immer davon ausgehen, dass der Verlag bei den Vertragsverhandlungen die niedrigste Grenze ansetzen wird.

Paperbacks und Taschenbuchausgaben unterscheiden sich dadurch, dass sie (Paperbacks) hochwertiger gemacht sind. Der Autor erhält hier zirka 5-10 Prozent. Bei Taschenbüchern sind es 3-7 Prozent und falls Vorschüsse gezahlt werden (wenn überhaupt) beträgt die Preislatte zwischen 1.500 Euro und 10.000 Euro. Sie müssen darauf achten, dass Ihr Honorar auf der Basis des Netto-Ladenpreises gezahlt wird.

Autor oder Schriftsteller?

Ein Autor hat die Urheberrechte für jeden Text. Jeder, der ein Buch veröffentlicht hat, gilt im Allgemeinen als Schriftsteller. Rezensenten des Feuilletons machen auch noch kaum einen Unterschied zwischen Autor und Schriftsteller.

Feuilleton: Dies sind Literaturrezensionen (Buchrezension, Buchbesprechung und Buchkritik).

Die meisten Schriftsteller können selten allein von ihren Publikationen beziehungsweise Buchhonoraren leben, sie gehen nicht selten deshalb noch anderen Tätigkeiten nach.

Philipp von Zesen hat den Begriff „Autor" eingedeutscht.

Die Autorenschaft umfasst in der Gegenwart „das Recht am geistigen Eigentum". Zu diesem Schutz dient das Urheberrecht.

Autor kann man auch sein - unabhängig von einer Veröffentlichung.

Für die Öffentlichkeitswirksamkeit innerhalb Deutschlands gilt das Hinterlegen eines Pflichtexemplars an die Deutsche Nationalbibliothek. Dies wird in der Regel von einem Verlag verschickt und der Autor nimmt damit die inhaltliche Verantwortung seines Werkes auf sich.

Bei Publikationen mit wissenschaftlichen Texten kommt es sehr oft vor, dass ein Werk mehrere Autoren und Co-Autoren aufweist.

Kurz und deutlich gesagt:

Ein Autor ist der Urheber (Verfasser), während der Schriftsteller derjenige ist, der die „Schrift stellt", also einen Text aufs Papier bringt.

Der Autor hatte also die zündende Idee und der Schriftsteller (Ghostwriter oder auch Auftragsschriftsteller) formuliert den Text und bringt ihn auf das Papier. Ein Autor kann auch Werbetexte, Bedienungsanleitungen oder Drehbücher verfassen (dann ist man der Autor dieser Texte).

Ein Schriftsteller ist auch immer ein Autor – ABER ein Autor ist noch lange kein Schriftsteller. Ein Schriftsteller (Oberkategorie) kann sich auch als Autor bezeichnen.

Wie mache ich als Schriftsteller Karriere?

Wenn ihr Buch endlich auf dem Markt ist, denken die meisten Autoren, dass sich ihr Buch von alleine verkaufen wird. Haben Sie sich als Autor oder Autorin noch keinen Namen gemacht, wird sich Ihr Buch nicht so schnell verkaufen. Wenn Sie auch noch einen Vertrag eingegangen sind, wonach Sie pro Jahr dem Verlag eine bestimmte Anzahl Manuskripte liefern müssen, werden Sie nicht viel Zeit haben, selbst Ihr Buch zu promoten.

Es gibt die Möglichkeit, sich an eine Firma zu wenden (Werbungskosten zirka 800,-- bis 3.000,-- Euro) oder sich einen Agenten zuzulegen. Hier müssen Sie wieder sehr vorsichtig sein, dass der Agent Sie nicht über den Tisch zieht. Kleinere Verlage haben oft Mentoren, die sich um Neu-Autoren kümmern. Diese Mentoren, die oft auch für Autoren anderer Verlage arbeiten, werden Ihnen ein Angebot über schriftstellerisches Coaching und Pressearbeit erstellen. Die Kosten für diese Leistungen belaufen sich zwischen zirka 95,-- und 1.500,-- Euro. Zu solch einem Vertrag gehört auch die telefonische Beratung.

Vorsicht ist vor Firmen geboten, die Jung-Autoren gerne ein Interview oder Buchrezensionen gegen zu hohe Bezahlung anbieten. Der Preis ist sehr oft überzogen und schwankt zwischen 350,-- und 1.500 Euro – die der Autor dann finanzieren muss.

Hat man einen Mentor an seiner Seite, werden Sie innerhalb weniger Wochen und Monate bei Journalisten und der Presse gut vertreten sein.

Newcomer werden oft von ihrem Verlag als Stiefkind behandelt und diese Verlage haben auch kein Geld für extrem teure Werbung.

Wenn der Buchverkauf irgendwann deutlich abnimmt (Bei großen Verlagen pro Monat wären dies zirka 45 Buchexemplare, bei kleineren Verlagen können das auch nur 4 Exemplare pro Monat sein), dann wird sich der Verlag dazu entschließen, Ihre Bücher zu einem Schleuderpreis zu verkaufen.

Dies geschieht zum Herstellungspreis und der Autor bekommt für solche Bücher **kein** Honorar. Jede Werbung über Sie, die Sie finden, sollten Sie auf jeden Fall in Kopie an Ihren Verlag schicken, da oft die Presseabteilung Ihres Verlages von den Erwähnungen nichts erfährt.

Das Urheberrecht und das Copyright

Das Copyright gilt im anglo-amerikanischen Rechtsraum und das Urheberrecht in Deutschland.

Ein Urheberrecht (UrhG) ist ein subjektives und absolutes Recht auf den Schutz „geistigen Eigentums" in materieller und ideeller Hinsicht (§ 7 UrhG.). Es umfasst die Summe der Rechtsnormen eines Rechtssystems und regelt das Verhältnis des Urhebers und seiner Rechtsnachfolge zu seinem Werk. Dieses Recht bestimmt den Inhalt und den Umfang sowie die Übertragbarkeit und Folgen der Verletzung des subjektiven Rechts.

Das amerikanische Recht (Copyright – the right to copy) ist dagegen eher eine Art Verlagsrecht (Reproduktionsrecht). Es wird oft mit dem Urheberrecht verwechselt. Der dabei genannte muss nicht zwangsläufig der Schöpfer des Werkes sein. Er ist oftmals „nur" der Inhaber der Verwertungsrechte.

Der Urheber kann nur eine Person sein. Das heißt, es ist ein Autor, Fotograf oder ein Programmierer (niemals eine GmbH). Dies gilt auch für die europäischen Staaten. In den USA und Großbritannien zeigt das © (Copyright-Zeichen) an, dass ein Werk beim Copyright-Register angemeldet und hinterlegt ist.

Tipps zum Schreiben

Gute Sachbücher, Fachbücher, Schulbücher oder Romane und Erzählungen finden immer einen Verlag. Publizieren ist kein Hexenwerk - wenn man das Schreibhandwerk beherrscht und den Markt kennt, in dem man sich bewegen will.

Zu den wichtigen Fragen gehört, wie das Manuskript zu Beginn geplant wird. Wählt man die Ich-Form oder die Erzählerform?

Mit welch einem Programm schreibt man ein Buch am PC?

Informieren Sie sich rechtzeig mit welcher Version eines Schreibprogrammes der angestrebte Verlag arbeitet.

Wie teile ich den Aufbau der Geschichte ein? In 3 Teile!

> *1. Teil:*

- Wo spielt die Geschichte?
- Wer sind die Helden (Hauptfiguren)?
- Wie alt ist der Held, wie sieht er aus und wie geht es ihm?
- Was passiert mit ihm?

> *2. Teil:*

- Die Geschichte ist abwechslungsreich.
- Die Hauptfigur geht einmal vor, einmal zurück.
- Es kommt zur Katastrophe - zum Höhepunkt.
- Es gibt eine Überraschung.

> *3. Teil:*

- Was ist nun passiert?
- Wird alles wieder gut?
- Kommt es zu einem Happy End?

Was ist ein Schusterjunge
oder Hurenkind?

Beim automatischen Umbruch von Texten ergeben sich ab und zu Situationen, die ein unharmonisches Schrift- oder Seitenbild liefern.

Beim Buchsatz wird versucht, keine einzelnen Zeilen am Ende oder am Anfang einer Seite stehen zu lassen. Das gilt als schlechter Stil. Auch die Begriffe „Witwen" und „Waisen" sind modernere Ausdrücke für Schusterjungen und Hurenkinder.

❖ *Das Hurenkind*

Als Hurenkind wird die letzte Zeile eines Absatzes bezeichnet, wenn sie gleichzeitig die erste Zeile einer neuen Seite oder Spalte ist.

Sie gelten in der Typografie als große Fehler und verursachen Unregelmäßigkeiten und verwirren den Leser. Aus diesem Grund sollten Absätze früher bzw. später gesetzt werden, sofern der Text das erlaubt oder es möglich ist.

❖ *Der Schusterjunge*

Ein Schusterjunge entsteht, wenn eine Seite oder Spalte eines neuen Absatzes nach der ersten Zeile umbrochen wird. Dieser Fehler ist weniger gravierend, sollte aber trotzdem vermeiden werden. Besonders auffallen wird der Schusterjunge, wenn mit Einzügen gearbeitet wird.

Einige wertvolle Tipps

❖ *Pressemeldungen*

Das Erste, wozu ich einem Newcomer rate: Sehr viele Pressemeldungen schreiben. Dazu muss er sich mit der journalistischen Tätigkeit auseinander setzen und sich im Copyright-Recht auskennen.

Es gibt im Netz zahlreiche Presseportale, in denen man Pressemeldungen einstellen kann. Hier ist große Vorsicht geboten, da sich die AGB oft ändern. Es gibt „kostenlose" Presseportale – hier ist das Einstellen einer Pressemeldung für den Autor kostenfrei. Dieses Presseportal kann sich aber unbemerkt vom Einsteller in ein kostenpflichtiges Presseportal verwandeln. Die kostenpflichtigen Presseportale haben verschiedene Preise – hier aber zuerst die AGB lesen!

❖ *Lesungen*

Große Verlage werden Sie auf Lesungen schicken, egal ob Sie dies möchten, oder nicht. Pro Lesung bekommen Sie von Ihrem Verlag zwischen 50,-- und 500,-- Euro den Tag. Oft steht diese Klausel in Ihrem Autorenvertrag. Kleinere Verlage können sich solch eine Lesereise nicht leisten. Hier muss der Autor sehr flexibel sein und dies selbst in die Hand nehmen. Wie er dies bewerkstelligen muss, kann er beim Mentor erfragen.

Lesungen sind ideal, um den Draht zum Publikum zu bekommen. Man sollte sich sehr gründlich auf seine Lesung vorbereiten. Nicht jedem Autor ist es gegeben, vor Publikum vorzulesen, auch wenn es sein eigenes Buch ist.

Wenn Sie Ihr Buch bei einem renommierten Verlag veröffentlicht haben, werden Sie zum Teil häufiger für Lesungen gebucht. Sollten Sie für sich selbst Lesungen planen, müssen Sie oft bereit sein, dies kostenlos zu tun. Sehen Sie es als Werbung für sich.

❖ *Flyer – Flugblätter*

Flugblätter werden kostenlos verteilt oder liegen zur Mitnahme aus. Stecken Sie diese Flyer nicht einfach wahllos in Briefkästen – sie landen dann sonst unbeachtet im Müll. Es kommt auf das Thema Ihres Buches an, wo Sie diese Flyer verteilen sollten.

Schreiben Sie ein Sachbuch, zum Beispiel über Diabetes, könnten Sie Ihre Flugblätter in Arztpraxen, bei Krankenkassen, in Sportstudios oder bei der Gemeinde an der Information hinterlegen. Dies sind nur wenige Beispiele und Ihrer Fantasie sind hier keine Grenzen gesetzt.

❖ *Andere Autoren*

Wenn Sie schon andere Autoren kennen, die ein Buch veröffentlicht haben, fragen Sie diese nach Tipps. Sollten Sie keine Autoren kennen, nehmen Sie mit einem freundlichen Anschreiben per E-Mail Kontakt zu ihnen auf (von bekannten Autoren werden Sie aber oft keine Antwort erhalten). Schauen Sie sich in Ihrem Verlag um, welche Autoren Sie gerne anschreiben möchten.

❖ *Mentor*

Nehmen Sie sich einen Mentor oder einen Agenten zur Seite, der für Sie die Werbetrommel rührt.

❖ *Homepage*

Eine Homepage ist für jeden Autor Pflicht! Ohne geht gar nichts. Um Kosten zu sparen, gibt es im Netz Anbieter für „kostenlose" Homepage.

Wie schreibe ich eine Pressemeldung?

Wer Aufmerksamkeit will, der muss sie erzeugen - der muss wissen, wie er die Medien erreicht und wie er über die Medien die Menschen anspricht. Eine Pressemitteilung verfassen zu können, ohne den Redakteuren gleich den Wind aus den Segeln zu nehmen, ist nicht gerade ein Kinderspiel. Wichtig ist, man sollte positiv gestimmt sein. Es ist unzweckmäßig Pressemeldungen zu schreiben, wenn man keinen Spaß an der Sache hat.

Eine Medienveröffentlichung kann Ihren Bekanntheitsgrad und damit Ihre Verkaufserfolge merklich steigern. Ein Bericht in der Zeitung ist immer noch die beste Werbung. Er ist kostenlos und verschafft einem Buchautor glaubwürdige Präsenz in der Öffentlichkeit. Erfolgreiche Presseinformationen sind immer das Ergebnis einer soliden Planung und einer professionellen Umsetzung. Die meisten Meldungen landen sonst in den Papierkörben der Presseabteilung. Meldungen ohne Nachrichtenwert finden keine Beachtung.

Fünf bis zehn Sekunden verwenden Redakteure im Schnitt für die Entscheidung, ob eine Pressemitteilung in die Zeitung kommt oder in den Mülleimer. Der Erfolg einer Pressemitteilung hängt ganz wesentlich von einigen Faktoren ab. Ihre Entscheidungen „wie und was Sie schreiben" werden dann bestimmen, ob die Leser Ihre Pressemeldungen (PM) interessant finden. Die PMs sollten dabei auch auf einem entsprechenden Niveau formuliert sein.

Eine Pressemeldung ist die objektive Mitteilung eines allgemein interessierenden, aktuellen Sachverhaltes in einem bestimmten formalen Aufbau. Der Inhalt der Pressemitteilung folgt dem Prinzip der Berichterstattung: Wie schreibe ich eine solche Meldung? Dies gleicht dem Pyramiden-Prinzip (vergleichbar mit einer auf dem Kopf stehenden Pyramide) indem das Wichtigste zuerst steht und unter Berücksichtigung der W-Fragen beschrieben wird.

Die interessante Neuigkeit muss bereits in der Überschrift (Headline klar) stehen. Formulieren Sie diese Überschrift kurz und klar, griffig, aussagekräftig oder vielleicht auch etwas humorvoll und frech. Sie muss zum Thema passen und sollte auch neugierig machen. Im Idealfall erzählt Ihre Pressemitteilung eine kleine, aber spannende Story, die ein echtes Lesevergnügen bietet.

Die Nachrichtensprache verlangt vom Verfasser keine literarischen Höhenflüge. Sie sollte knapp, einfach und verständlich geschrieben sein. Keine Zeitung/Presseportal möchte gerne einen typischen Werbetext voller Superlative und Anpreisungen lesen. Der erste Satz muss beim Leser Interesse wecken, Neugier erzeugen und zum Weiterlesen reizen.

Nicht jeder versteht die Fachausdrücke Ihrer Branche. Vermeiden Sie diese ebenso wie überflüssige Füllwörter. Eistänzer bringen zauberhafte Geschichten aufs Eis. Dass sie zuvor schweißtreibend an Choreografie und Technik gefeilt haben, spüren die Zuschauer meist nicht. Und genau so sollte auch Ihre Pressemeldung auf die Leser wirken.

Überlegen Sie, welche Story für Ihre Pressemitteilung wichtig ist. Beachten Sie bitte, dass Sie keine Doktorarbeit schreiben, in der alle Facetten umfassend dargestellt werden sollen. Ihre Mitteilung braucht einen roten Faden, der den Leser ohne Überforderung zum Weiterlesen animiert.

Kein Leser möchte „Neuigkeiten" lesen, die keine mehr sind, aber mit etwas Kreativität lässt sich auch ein leicht angestaubtes Thema wieder auffrischen. Nichts ist schlimmer als Werbesprache in einer Pressemitteilung. Objektivität ist hier gefragt, auch wenn man sein Angebot gerne noch besser darstellen würde. Die sachliche Formulierung bei Pressemeldungen ist hier von Vorteil. Der erste Satz soll die Kernaussage der Pressemitteilung enthalten, prägnant sein und sich nicht über mehrere Zeilen winden. Grundsätzlich gilt: Der Text kann von hinten gekürzt werden. Im ersten Absatz sollten die sogenannten W-Fragen geklärt werden: Wer macht was wann wo wie und warum? Manchmal ist es auch sinnvoll, das eine oder andere W nicht zu beantworten. Etwa dann, wenn der Zeitpunkt des Ereignisses zu weit entfernt liegt.

Eine Pressemitteilung sollte nicht länger sein als 1-2 Din A4 Seiten und unten unbedingt eine Kontaktadresse mit Telefonnummern und E-Mail enthalten. Gute Fotos und Grafiken erhöhen die Chancen für Ihre Pressemitteilung erheblich, denn noch vor der Überschrift ziehen Bilder den Blick auf sich. Sie müssen aber unbedingt auf das Copyright des Fotos achten!

PRESSEMELDUNGEN
Wie eine Fahne im Wind

© 2014 Pressetext Jutta Schütz

Es gibt Menschen, die haben ein Verhalten, wie man es von einer Fahne im Wind beobachten kann. Wenn sich der Wind dreht, wehen die Fahnen in die andere Richtung. Diese Menschen sind unberechenbar!

Wie eine Fahne im Wind, ist ein Mensch, der eine bestimmte Meinung hat, erkennt aber, dass er damit nicht durchkommt und ändert seine Meinung, die im Widerspruch zur alten Meinung steht. Genau in diesem Kontext ist diese Redensart zu verstehen. Er hat also die Seiten gewechselt wie eine Fahne ihre Richtung. Solche Menschen bezeichnet man als „falsch" weil sie nicht berechenbar sind. Es sind Menschen, die schnell ihre Meinung ändern, oder die leicht zu beeinflussen sind. Sie tun dies, um erfolgreich sein zu können, wobei sich oft herausstellt, dass der Erfolg bestenfalls kurzfristig zu erzielen ist, weil das Verhalten nicht gut ankommt.

„Unberechenbar" kann man nicht einschätzen und ist somit unvorhersehbar oder unkalkulierbar. Unberechenbare Menschen können auf der einen Seite zwar nett und freundlich sein, sind aber auf der anderen Seite gnadenlos und eiskalt. Sie tun Dinge ohne eine gewisse Reue und ihre Denkweisen sind nicht mehr nachvollziehbar. Menschen die unberechenbar sind, sind mitunter sehr schwierige Menschen. Dieser verhält sich immer wieder anders, als man erwartet. Unberechenbare Menschen sind wie Zeitbomben! Sie agieren für andere völlig unerwartet, man weiß nie wirklich wo man dran ist. Es fehlt ihnen auch an Empathie - die Fähigkeit und Bereitschaft, Gedanken, Emotionen, Motive und Persönlichkeitsmerkmale einer anderen Person zu erkennen. Sie irren nie, sie fühlen sich nie schuldig, fühlen keine Scham und sie können sich auch nicht entschuldigen - selbst wenn sie nachweislich Unrecht hatten, verweigern sie eine Entschuldigung und gehen stattdessen zum Angriff über. Sie glauben buchstäblich daran, dass alles, was sie sagen, Wirklichkeit ist, nur weil sie es sagen.

Fazit: Das Ergebnis davon ist, dass sie ihre Mitmenschen betrügen, bedrohen oder verletzen, OHNE irgendeine Art von Reue zu empfinden.

Eine ganz einfache Methode, dieses Täuschungsmanöver zu durchkreuzen, ist das Nachzuprüfen, was er da behauptet. Wenn man der Sache auf den Grund geht, stößt man normalerweise auf Ungereimtheiten. Konfrontiert man ihn damit, wird er wütend oder aggressiv, wenn seine Seriosität angezweifelt wird. Ein vernünftiger Mensch würde sich freuen, wenn man ihm hilft, eine Falschinformation zu korrigieren oder ein Missverständnis aufzuklären. Mit einem solchen Menschen kann man nicht rational diskutieren – man verschwendet nur seine Zeit. Dadurch haben diese Menschen auch sehr selten langjährige Freunde oder Partner. Mit solch einem Menschen zusammen zu arbeiten ist sehr, sehr schwierig.

Diese Menschen sind psychisch krank, das macht sie letztlich unberechenbar. Ihre kranke Psyche wirkt sich eben auch aufs Alltagsleben bzw. auf den Umgang mit Mitmenschen aus.

Gerade bei Epilepsie ist eine
ketogene Diät sehr wirksam

Welche Mechanismen dafür verantwortlich sind, dass die Ernährungstherapie die Anzahl der Anfälle bei Epilepsie verringert, ist unbekannt. Die Idee, Epilepsie mit Hilfe einer speziellen Diät zu therapieren, kam bereits in der Antike auf. Frühe Aufzeichnungen des Arztes Hippokrates belegen dessen erfolgreiche Versuche, Epilepsiekranke durch strenges Fasten von ihren Anfällen zu befreien.

In Deutschland leben zirka 125.000 Kinder/Jugendliche mit Krampfanfällen, doch bei etwa 20 bis 30% führen die Tabletten nicht zum gewünschten Erfolg. Es ist ein wesentliches Ziel der Ernährungstherapie die Abschwächung auftretender Krampfanfälle - dies ist jedoch nur bedingt erfolgreich.

Die ketogene Diät verändert den Körper- bzw. Hirnstoffwechsel grundlegend, so dass der Körper nicht mehr auf Kohlenhydrate als Energielieferant zugreift, sondern auf Fett. Diese extrem fettreiche Kost führt erstaunlicherweise zu einer Veränderung im Stoffwechsel des Gehirns. Das Ergebnis: Anfälle werden weniger oder bleiben ganz aus.

1920 behandelte ein amerikanischer Arzt Dr. Russel M. Wilder an der Mayo Clinic in Rochester (New York) Epilepsie kranke Kinder. Er entwickelte für seine kleinen Patienten eine extrem fettreiche und kohlenhydratarme Diät. Solch eine Ernährung setzt den Fastenstoffwechsel in Gang. Also: Fette und Proteine statt Kohlenhydraten. Dr. Russel M. Wilder: Seine ketogene Kost (Low Carb) war sehr erfolgreich! Diese ketogene Diät wird schon seit der Antike zur Behandlung von Epilepsie eingesetzt.

1925 veröffentlichte Wilder im Journal of the American Medical Association seine Studie. M. G. Peterman von der Mayo Clinic berichtet: Von 37 behandelten Kindern wirkte diese Therapie nur auf 2 Kinder nicht! 13 Kinder hatten nur noch zur Hälfte Anfälle. Bei 22 Kindern verringerten sich die Anfälle um 90 Prozent. 1940 wurden von der Pharma-Industrie neue Medikamente gegen Epilepsie entdeckt und diese Ernährungsform geriet in Vergessenheit. Erst seit zirka 10 Jahren wird diese ketogene Kost als Therapie wieder eingesetzt, denn auf ein Drittel der Patienten sprechen die Medikamente nicht ausreichend an.

Verantwortlich, dass die ketogene Kost wieder in Erinnerung trat, ist ein amerikanischer Filmproduzent. Sein kleiner Sohn wurde durch die ketogene Diät von seinen Anfällen befreit! Medikamente haben ihm nicht geholfen. Er gründete die Stiftung: Charlie Foundation, die entsprechende Forschungen unterstützt und machte die Heilung seines Sohnes mit Filmen publik. Heute wird diese ketogene Kost bereits in über 45 Ländern eingesetzt. In der Schweiz (Zürich) auch in einem Kinderspital.

2001 hat es eine Studie von Forschern des Johns Hopkins Hospitals in Baltimore mit Kindern gegeben, die sehr erfolgreich war! Nach einer einjährigen Diätphase war bei 49 Prozent der behandelten Kinder die Häufigkeit epileptischer Anfälle um mehr als 90 Prozent verringert.

2005 im September – wurde bei einer Konferenz gesagt, dass es bis heute keine Medikamenten-Studien gäbe, die ähnlich gute Ergebnisse zeigten.

Der Grund für die positive Wirkung von kohlenhydratarmer Kost könnten die so genannten Keton-Körper sein, die die Leber während der Ketose als Energieträger bildet. Zum Beispiel drosselt möglicherweise die Ketose bei Epilepsie die Hyperaktivität der Gehirnzellen.

2007 gab es Studien an der Universitätsklinik in Tübingen an Patienten, die an schwer therapierbaren Hirntumoren litten. Auch an der Universitätsklinik in Würzburg gab es Studien über Patienten mit verschiedenen Krebsarten in einem weit fortgeschrittenen Stadium. Die Patienten galten als austherapiert! Bei einem Teil der Patienten verlangsamte sich das Tumorwachstum, der Allgemeinzustand verbesserte sich beachtlich bei einer kohlenhydratreduzierten Kost.

Eine ketogene Diät ist vor allem bei Epilepsiepatienten sinnvoll, die kaum auf Medikamente ansprechen - besonders bei Epilepsieformen die im Säuglings- bzw. Kleinkindalter auftreten wie das West-Syndrom und das Dravet-Syndrom. Patienten sollten eine solche Epilepsiediät niemals auf eigene Faust und ohne fachmännischen Rat beginnen. Low Carb Ernährung wird derzeit auch für weitere Krankheitsbilder untersucht. Dazu zählen unter anderem Alzheimer, Schlaganfall, Depressionen, multiple Sklerose, Autismus, Migräne sowie neurodegenerative Leiden wie Parkinson, amyotrophe Lateralsklerose (ALS). Bei dieser Demenzerkrankung vermuten Forscher einen gestörten Fett- und Zuckerstoffwechsel im Gehirn, der sich durch eine fettreiche und kohlenhydratarme Kost womöglich verlangsamen lässt.

Zitat von Adelheid Wiemer-Kruel, Leitende Oberärztin im Epilepsiezentrum Kork in Kehl am Rhein: Frau Wiemer-Kruel sagt: „Gerade bei Epilepsie ist eine ketogene Diät sehr wirksam. Auch bei autistischen Kindern sehen wir, dass sich dadurch etwas verbessert."

2010 wurde diese Esstherapie als Behandlungsoption bei kindlichen Epilepsien in die Leitlinien der Gesellschaft für Neuropädiatrie aufgenommen.

Zitat: Focus Nr. 25 (2012)

Psychotherapeut, Psychiater oder Psychologe

© 2014 Pressetext Jutta Schütz

Wer Ratgeber oder Sachbücher schreibt, sollte das Wissen so aufbereiten, dass ihn auch Laien verstehen können. Ratgeber oder Sachbücher nehmen heute einen großen Teil der Buchlandschaft ein. Die Autorinnen „Sabine Beuke" und „Jutta Schütz" haben das Können, Fachwissen kompakt zusammen zu fügen und dieses verständlich zu erklären. Dabei ist es wichtig, das Wissen eines Laien im Auge zu behalten.

Psychologie ist zusammengesetzt aus den griechischen Wörtern psychos (die Seele) und logos (die Lehre). Einige Bereiche der Psychologie erheben auch den Anspruch eine Naturwissenschaft zu sein. Kennen Sie eigentlich den Unterschied zwischen Psychotherapeut, Psychiater oder Psychologe? Hilfesuchende sind hier schon überfordert. Es sind drei Begriffe und drei Berufsfelder, die gerne verwechselt werden.

• **Der Psychotherapeut** kann ein Psychologe oder ein Mediziner sein. Sie dürfen beide Kinder, Jugendliche und Erwachsene behandeln. Dazu zählen auch Pädagogen oder Psychologen, die nur für die Therapie von Kindern und Jugendlichen ausgebildet sind (Zu ihrem Grundberuf haben sie eine psychotherapeutische Zusatzausbildung abgeschlossen). Diese Berufsbezeichnung ist seit dem 01. Januar 1999 durch das Psychotherapeutengesetz geregelt.

• **Der Psychiater** ist ein Facharzt für seelische Erkrankungen oder Störungen und hat Medizin studiert. Er tritt von der körperlichen Seite an psychische Probleme heran und hat sich in seinem Studium mehr mit der Funktionsweise und den Erkrankungen des menschlichen Körpers beschäftigt, als mit der Psyche des Menschen. Er hat gelernt, seelische Erkrankungen mit Medikamenten zu behandeln. In seiner mehrjährigen Facharztausbildung zum Psychiater (nach Abschluss seines Medizinstudiums) erwirbt er sich Kenntnisse über Entstehung und Verlaufsformen von Krankheiten des Geistes und der Seele. Er sollte fähig sein, die Krankheiten zu erkennen und zu behandeln (sehr oft mit Psychopharmaka). Die zusätzliche psychotherapeutische Ausbildung berechtigt ihn, auch eine Psychotherapie/Psychoanalyse auszuüben.

• **Der Psychologe** (Hochschulabsolvent – Fach: Psychologie). Er beschäftigt sich damit, Gefühle, Gedanken und Verhalten zu beschreiben, sie zu erklären, vorherzusagen und gegebenenfalls zu ändern. Psychologen gehen von der psychischen Seite an psychische Probleme heran. In dem akademischen Studium erwirbt sich der Psychologe in den verschiedenen Gebieten der Psychologie wissenschaftlich gesicherte Erkenntnisse sowie ein umfangreiches Wissen über menschliches Denken, Fühlen, Lernen und Verhalten.

Ein Psychologe/Psychotherapeut unterstützt den Patienten und verwendet keine Medikamente. Er unterstützt den Patienten durch eine bewusste Auseinandersetzung mit ihren Ursachen und/oder durch gezieltes Einüben neuer Verhaltensweisen. Falls eine organische Erkrankung mit behandelt werden muss und eine medikamentöse Therapie notwendig ist, arbeitet er mit Ärzten zusammen. Sie gehen bei der Suche nach einer qualifizierten Behandlung immer sicher, wenn Sie sich bei seriösen Einrichtungen: z. B. Hausarzt, Krankenkassen, oder bei einem Psychotherapie-Informations-Dienst (PID) erkundigen. Was im Einzelfall die richtige Therapieform oder Kombination ist, kann der Laie schwer beurteilen. Adressen und Telefonnummern von Psychotherapeuten finden Sie im Branchentelefonbuch. Sie können sich auch bei Ihrer Krankenkasse erkundigen, die verfügt über eine Adressliste anerkannter psychologischer Psychotherapeuten und Ärzte.

Wenn Sie sich einen Therapeuten ausgewählt haben, dann vereinbaren Sie einen ersten Gesprächs-Termin und klären Sie schon bei diesem ersten Kontakt, ob im Fall einer Behandlung die Krankenkasse die Kosten übernimmt.

Mit der Inanspruchnahme des Psychotherapeuten sind für Sie bis auf ihre Krankenversicherungskarte in der Regel keine Formalitäten verbunden. Das Antrags- und Genehmigungsverfahren wickelt der Psychotherapeut direkt mit Ihrer Krankenkasse ab und die Kosten der „genehmigten" Behandlung werden von der gesetzlichen Krankenkasse in voller Höhe übernommen.

Lebens-, Ehe- oder Erziehungsberatung zählen nicht zu den Kassenleistungen. Privatversicherungen haben unterschiedliche Regelungen, die man erfragen muss. Die Krankenkassen zahlen nur bei Therapeuten, die Diplompsychologen sind und eine anerkannte Therapeutenausbildung gemacht haben. Das kann ein diplomierter oder Master of Science Psychotherapeut sein. Heilpraktiker o. ä. werden nicht bezahlt.

Eine Psychotherapie bedeutet, dass die Seele behandelt wird. Sie bietet Hilfe bei Störungen des Fühlens, Denkens, Erlebens, Handelns, bei Depressionen, Schlafstörungen, Essstörungen, Süchte, Zwänge und Verhaltungsstörungen bei Kindern sowie auch bei psychosomatischen Störungen, die einen schädigenden Einfluss auf den Körper haben. Wer sich mit seelischen Problemen plagt und sie nicht alleine in den Griff bekommt, sollte sich wie auch bei körperlichen Erkrankungen nicht scheuen, professionelle Hilfe in Anspruch zu nehmen.

Die meisten Psychologen legten zu Beginn des 20. Jahrhunderts das Schwergewicht auf die ursächliche Betrachtungsweise und sie verstanden das Verhalten des Menschen vorwiegend als Wirkung frühkindlicher Erfahrungen. Alle Menschen sind ungleich, kein einziger verfügt über dieselben Charakterzüge, Talente, und Neigungen. Die Menschen werden durch die unterschiedlichen Umwelteinflüsse, durch unterschiedliche Erbanlagen geprägt. Man nimmt an, dass der geistig-seelische Kern des Menschen bereits vor der Zeugung existierte und sich in einen physischen Leib inkarnierte.

Buchdaten: PSYCHOLOGIE KURZ UND KNAPP VERPACKT - Hilfreiches Wissen für die Seele

Autoren: Sabine Beuke und Jutta Schütz - Verlag: Books on Demand - ISBN-13: 9783732234929 - ISBN-10: 3732234924 - EUR 13,90

In der Drogenszene wird Ritalin auch als „Ersatz-Speed" gehandelt

© 2014 Pressetext Jutta Schütz

Der Hauptinhaltsstoff „Ritalin" ist der amphetaminartige Wirkstoff „Methylphenidat, der dem Betäubungsmittelgesetz unterstellt ist und in der USA als Betäubungsmittel der Klasse II - dieselbe Klassifikation wie Kokain, Morphium und Amphetamine hat. Dieses Medikament ist eine große Gefahr für die Gesundheit und unser Bildungssystem.

Unaufmerksam, motorisch unruhig und impulsiv - so werden hyperaktive Kinder beschrieben. Die steigende Prävalenz könnte an einer unzureichenden Versorgung mit Mineralstoffen liegen. Schon in der Kinderliteratur werden einige typische Beispiele charakterisiert.

Das älteste Bild ist seit dem Jahr 1845 der Struwwelpeter und seit den 90iger Jahren gibt es auch die Struwwelliese. Aber auch der liebenswerte Michel aus Lönneberga zeigt gewisse Übereinstimmungen.

In jeder Klasse einer Grundschule sitzen heute schon zwei bis drei Schüler „sogenannte ADHD-Kinder", die durch ihre ewige Unruhe und Konzentrationsschwäche den Pädagogen viel Abverlangen. Diese jungen Zappelphilippe, die an der Aufmerksamkeits-Defizit-Hyperaktivitäts-Störung leiden, profitieren laut einigen Studien von der Gabe des Mineralstoffes „Magnesium".

Betreff: ADHS-Menschen (Zappelphilippe): Unter der Leitung des Schweizer Kinderarztes Professor Kurt Baerlocher wurde mit 230 Kindern eine Doppelblind-Studie durchgeführt.

Die Magnesiumtherapie zeigte einen statistisch signifikanten Erfolg bei 80 Prozent der behandelten Kinder. Diese Studie belegt, dass es wichtig ist, bei ADHS-Kindern auch an Magnesium zu denken.

ADHS-Menschen haben häufig einen erhöhten Magnesiumbedarf bei gleichzeitig niedrigen Magnesiumspiegeln im Serum. Das ist darauf zurückzuführen, dass ADHS-Erkrankte vermehrt unter Stress stehen und die Ausschüttung der Stresshormone Adrenalin und Noradrenalin eine vermehrte Magnesium-Ausscheidung bewirkt.

Warum gibt es heute so viele Kinder mit diesem Syndrom?

Vielleicht sollte man diese Krankheit auch zu all den heutigen Zivilisationskrankheiten zählen? Es gibt Untersuchungen, dass der Zuckerstoffwechsel bei diesen Kindern verlangsamt ist und Teile des Gehirns, die für Aufmerksamkeit zuständig sind, mit zu wenig Glukose versorgt werden.

Als AD(H)S Ursache werden die gleichen Neurotransmitter diskutiert die außerdem auch bei Migräne eine entscheidende Rolle spielen könnten.

Schon 4-jährige bekommen Ritalin verordnet!

Wir empfehlen an dieser Stelle, dass jeder Vater und jede Mutter einfach mal selbst so eine Pille probieren sollte.

Die Eltern würden sofort erkennen, wie potent und mächtig und Bewusstseinsverändernd dieses Mittel sein kann, das sie ihren Kindern zumuten. Vielleicht kommen sie dann zu dem Schluss, es doch noch einmal anders zu versuchen.

Außerdem kann Ritalin auch Depressionen verursachen. Ritalin kann die Krankheit AD(H)S nicht heilen, es dämpft nur die Symptome ab und die Nebenwirkungen des Medikaments sind dabei mehr als bedenklich.

Bitte informieren Sie sich über eine kohlenhydratarme Ernährung (Infos im letzten Teil des Buches), die auch bei AD(H)S erfolgreich ist.

Nebenwirkungen von Ritalin:

- Aggressionen
- Ängste
- Appetitlosigkeit
- Blutdruckstörungen
- Depressionen
- Empathieverlust
- Erschöpfung
- Geringes Selbstwertgefühl
- Introvertiert
- Keine Zukunftsperspektiven
- Konzentrationsstörungen
- Magenbeschwerden
- Müdigkeit
- Sehstörungen
- Schlaflosigkeit
- Schwindel
- Tics
- Übelkeit
- Verdauungsstörungen
- Verändertes Empfinden
- Veränderte Wahrnehmung
- Wachstumsverzögerungen
- Reizbarkeit

Nicht jedes unaufmerksame, zappelige, Kind ist hyperaktiv - vielleicht ist es eben nur sehr verspielt, lebendig, lebhaft und reizoffen. Kaum eine psychische Erkrankung ist so gut untersucht worden wie die Aufmerksamkeits-Defizit-Hyperaktivitäts-Störung im Kindes- und Jugendalter. Dass an dieser Störung auch Erwachsene leiden, wurde hingegen fast übersehen. Ärzte und Psychologen beschäftigen sich erst seit kurzem mit ADHS im Erwachsenenalter. Leider liegen hier nur sehr wenige gesicherte Erkenntnisse vor.

Die Krankheit ist bei Erwachsenen deutlich schwerer zu erkennen als bei Kindern. Sie wird oft fehldiagnostiziert, weil sich die Anpassungsstörung mit anderen psychischen Symptomen vermischen. Psychische Erkrankungen der Eltern gelten zwar nicht als Ursache von ADHS, können jedoch bei einer bereits bestehenden Veranlagung die Störung mit auslösen.

Wenn Sie denken, dass Sie vielleicht an einer ADHS leiden, vertrauen Sie sich einem oder besser mehreren Ärzten an. Diese Krankheit (ADHS) ist zwar nicht heilbar - viele Symptome können jedoch verringert werden. Versuchen Sie doch ein paar Wochen die Kohlenhydrate zu reduzieren.

Buchdaten: PSYCHOLOGIE KURZ UND KNAPP VERPACKT - Hilfreiches Wissen für die Seele. Autoren: Sabine Beuke und Jutta Schütz

Mein Kampf

© 2014 Pressetext Heike Führ

Adolf Hitlers Buch „Mein Kampf" soll auch nach Auslaufen des urheberrechtlichen Schutzes Ende 2015 verboten bleiben. Das ist auch gut so!!!! Dies hat die Konferenz der Minister aus Bund und Ländern beschlossen. Aber darum geht es hier gar nicht. Es ist MEIN Kampf, mein Kampf gegen die Krankheit MS (Multiple Sklerose) und MEIN Buch ist nicht verboten!

Adolf Hitlers Buch „Mein Kampf" soll auch nach Auslaufen des urheberrechtlichen Schutzes Ende 2015 verboten bleiben. Das ist auch gut so!!!! Dies hat die Konferenz der Minister aus Bund und Ländern beschlossen. Aber darum geht es hier gar nicht. Es ist MEIN Kampf, mein Kampf gegen die Krankheit MS (Multiple Sklerose) und MEIN Buch ist nicht verboten!

Mein Name ist Heike Führ und ich kämpfe nicht nur für mich. Ich kämpfe auch für meine Kinder (mit Partnern), die mir alles bedeuten und die einfach durch ihr „Da-Sein" meinem Leben einen besonderen Sinn geben. Sie sind ebenfalls mein Halt, meine Zukunft und eine unsagbare Kraft spendende und hoffnungsfrohe Freude in meinem (MS)-Leben.

Ich kämpfe für meinen Mann Peter, der mich von Anfang an motivierte, meine Geschichten aufzuschreiben und darin bestärkte, den Mut aufzubringen, sie zu veröffentlichen und der mich mit meiner MS so achtsam und feinfühlig begleitet und mir durch seine Liebe so viel Hoffnung zu machen vermag. Er ist mein Halt, mein Leben, meine Liebe.

Ich kämpfe für meine Mutter, der ich ganz viel Hilfe und Zuneigung zu verdanken habe; ohne sie und ihre Großzügigkeit wäre es nicht möglich, mein Leben so zu gestalten, wie ich es momentan leben darf.

Ich kämpfe für meinen Bruder und seine Familie, die mich ebenfalls auf ihre Weise sehr unterstützen und für mich da sind; das ist nicht selbstverständlich und für meine engen Freundinnen und Freunde und auch für Achim, der meine Mama und uns ebenfalls unterstützt, zu uns hält und da ist. Und ich danke meiner Mentorin Jutta Schütz und meiner Verlegerin Angelika Schweizer, dass es dieses Buch überhaupt gibt. Ohne euch wäre ich jetzt nicht dort, wo ich bin, so einfach ist das.

DANKE!

Buchdaten: Hallo MS – Das tägliche Wechselbad der Gefühle: Geschichten und Erlebnisse mit der Krankheit. Autorin: Heike Führ, Verlag: A.S. Rosengarten-Verlag. ISBN: 978-3-9450-1507-0

„MS: 2 Buchstaben, die eine vermeintlich geordnete Welt von heute auf morgen auf den Kopf stellen." So beschreibt Heike Führ den Tag ihrer Diagnosestellung.

Wie sie ihren Alltag mit einer solch tückischen und bis lang noch unheilbaren Krankheit „MS" meistert, beschreibt „Heike Führ" vor allem mit viel Humor und reflektiert in einer gelungenen Mischung aus Problematisierung und Relativierung. Nie werden die Herausforderungen der Krankheit geleugnet und doch triumphiert immer ihr optimistischer Kampfgeist und zeigt eindrucksvoll und selbstkritisch ihren eigenen Weg der Lebensfreude.

Mit fremden Federn schmücken oder Karl-Theodor zu Guttenberg und die Plagiats-Affäre

© 2013 Jutta Schütz

Plagiats-Affäre oder Text-Klau, man kann es nennen wie man will, es bleibt bei den geklauten Ideen durch das Abschreiben von Textpassagen ohne Würdigung der Quelle.

In Zeiten des Internets hat das Problem eine neue Dimension bekommen und das Kopieren von Texten wurde so einfach wie noch nie. Aber von der Wissenschaft wird erwartet, dass sie ehrlich und redlich ist. Wenn jeder fremdes Wissen und fremde Formulierungen als sein geistiges Eigentum verkauft, dann geht das Vertrauen in die Wissenschaft mit Sicherheit verloren.

Karl-Theodor zu Guttenberg hätte als „Freier Journalist bei der Tageszeitung Die Welt" (bis 2002) wissen müssen, dass ein Text-Klau ohne Quellenangabe nicht nur ein gravierender handwerklicher Fehler ist.

Definition: Ein Plagiat ist die widerrechtliche Übernahme und Verbreitung von fremden Texten jeglicher Art und Form ohne Kenntlichmachung der Quelle. Dies gilt für alle Medien, das heißt Bücher, wissenschaftliche und andere Zeitschriften, Zeitungen und alle anderen Druckerzeugnisse sowie das Internet. Quelle: Leibniz Universität Hannover

Einfacher gesagt: Textstellen von benutzter Literatur, müssen beim Verfassen einer wissenschaftlichen Arbeit mit Quellenangaben kenntlich gemacht werden.

Das Wort „Plagiat" wurde von Paul Englisch (1933) erfunden und ist in Gesetzen nicht definiert. Der Duden spricht von einer unrechtmäßigen Nachahmung und Veröffentlichung eines von einem anderen geschaffenen künstlerischen oder wissenschaftlichen Werkes.

Ein Plagiat darf man nicht mit einem Zitat verwechseln. Für „Zitate" besteht eine Sonderregelung. Ein Zitat darf nicht zu lang sein und es muss ein Verweis auf den Urheber haben.

Aber nicht nur Studenten plagiiren, auch ihre Dozenten bedienen sich aus den Arbeiten ihrer Studenten.

Die Süddeutsche Zeitung berichtete: Im Hochschulgesetz von Nordrhein-Westfalen sind für Plagiate zusätzlich Bußgelder bis zu 50.000 Euro verankert.

Die Uni Bayreuth hat Minister zu Guttenberg nun den Doktorgrad aberkannt.

Wer Aufmerksamkeit als Schriftsteller oder Journalist erzeugen möchte, der muss wissen, wie er die Medien erreicht und wie er über die Medien die Menschen anspricht.

Damit das Buch oder die Pressemeldung nicht zu einem Plagiat wird, sollte man sich mit dem Urheberrecht und dem Copyright gut auskennen.

Das Copyright gilt im anglo-amerikanischen Rechtsraum und das Urheberrecht in Deutschland. Ein Urheberrecht (UrhG) ist ein subjektives und absolutes Recht auf den Schutz „geistigen Eigentums" in materieller und ideeller Hinsicht (§ 7 UrhG.). Es umfasst die Summe der Rechtsnormen eines Rechtssystems und regelt das Verhältnis des Urhebers und seiner Rechtsnachfolge zu seinem Werk. Dieses Recht bestimmt den Inhalt und den Umfang sowie die Übertragbarkeit und Folgen der Verletzung des subjektiven Rechts.

Das amerikanische Recht (Copyright – the right to copy) ist dagegen eher eine Art Verlagsrecht (Reproduktionsrecht). Es wird oft mit dem Urheberrecht verwechselt.

Der dabei genannte muss nicht zwangsläufig der Schöpfer des Werkes sein. Er ist oftmals „nur" der Inhaber der Verwertungsrechte.

Der Urheber kann nur eine Person sein. Das heißt, es ist ein Autor, Fotograf oder ein Programmierer (niemals eine GmbH). Dies gilt auch für die europäischen Staaten.

In den USA und Großbritannien zeigt das © (Copyright-Zeichen) an, dass ein Werk beim Copyright-Register angemeldet und hinterlegt ist. Ein Copyright (© by Lydia Schriftsteller) sollte auf jeder Seite enthalten sein.

Unter Autoren wird geklaut, kopiert und plagiiert

©2014 Jutta Schütz

Ein Plagiat (über frz. plagiaire „Dieb geistigen Eigentums" aus lat. plagiārius „Seelenverkäufer, Menschenräuber"[1]) ist die Anmaßung fremder geistiger Leistungen. Dies kann sich auf die Übernahme fremder Texte oder anderer Darstellungen (z. B. Zeitungs-, Magazinartikel, Fotos, Filme, Tonaufnahmen), fremder Ideen (z. B. Erfindungen, Design, Wissenschaftliche Erkenntnisse, Melodien) oder beides gleichzeitig (z. B. Wissenschaftliche Veröffentlichungen, Kunstwerke, Romane) beziehen.

Quelle: http://de.wikipedia.org/wiki/Plagiat

Bestseller-Autoren, Professionelle Texter, Sachbuchautoren ebenso wie Hobby-Autoren sind betroffen. Oft werden sie Opfer von Urheberrechtsverletzungen und Plagiaten.

Dank spezialisierter Plagiate- und Text-Klau-Programme lassen sich solche Urheberrechtsverletzungen umgehend und noch lange nachträglich feststellen, besonders, wenn z. B. ein Buch gedruckt wurde.

Text-Klau ist ein weit verbreitetes Phänomen, diese Erfahrung sammeln Autoren immer wieder.

Bitten Sie den Dieb z. B. in einer Mail, den Text aus dem Buch oder auf seiner Webseite (Blog) wieder zu entfernen. Wenn der Text-Dieb nicht reagiert, brauchen Sie nicht gleich zum Anwalt zu laufen. Sammeln Sie Beweise.

Die längere Verwendungsdauer sowie auch die mehrfache Verwendung des gestohlenen Textes, wie z. B. in einem Buch erhöht den Schadensersatzanspruch. Dies kann bei einem gedruckten Buch unter Umständen eine lohnende Angelegenheit sein und vielleicht ein Denkzettel für den Dieb zugleich.

Text- oder Bilddiebe wehren sich schnell mit einem Anwalt. Lassen Sie sich dadurch nicht verunsichern und behalten Sie die Ruhe, denn nicht Sie haben ja geklaut!

Außerdem ist es durch den Gegenanwalt dokumentiert (Datum), dass Sie den Text-Dieb auf den Text-Klau darauf aufmerksam gemacht haben.

Autoren sollen gegen einen „Text-Klau" vorgehen, auch wenn dies eine lange Zeit in Anspruch nimmt. So entgehen sie einem Verdacht, sie seien eventuell selbst die Plagiatoren und nicht die „Text-Diebe". Natürlich ist es einfacher zu beweisen, wenn der geklaute Text schon vorher veröffentlicht ist, wie z. B. in einem Buch.

Genauso verhält es sich auch mit einem Buchsatz! Hier kann man an verschiedenen Stellen „im Hintergrund" einige Copyrightzeichen einfließen lassen, die nicht direkt sichtbar sind.

Warum tut dieser Text- oder Bild-Klauer dies?

Er kopiert in der Hoffnung ähnliche Erfolge erzielen zu können.

Oft kann man auch erkennen, dass dieser Dieb sich nicht nur an den Texten/Bildern vergreift – er versucht auch den Menschen zu kopieren. Solche Menschen leiden oft an einer Persönlichkeitsstörung.

Es gibt Menschen, die versuchen den Erfolg von anderen einfach zu kopieren und das ist genau der Grund, warum sie immer wieder scheitern.

So etwas kann nie zum Erfolg führen, aber genau das versuchen diese Menschen.

Er kann nicht einfach in die Rolle des anderen schlüpfen, denn er hat andere Gedanken, Erfahrungen, Emotionen und Fähigkeiten.

Er muss mit seiner Persönlichkeit erfolgreich werden, ob es ihm gefällt oder nicht. Als Kopie eines anderen Menschen hat man es noch nie zum Erfolg geschafft. Einer der wichtigsten Gründe für den Erfolg anderer Menschen ist der Ausdruck IHRER Persönlichkeit.

Was sind Buchrezensionen?

Buchrezensionen sind eine Art von Kinderkrankheit!

© 2013 Jutta Schütz

Rezensionen sind eine Art von Kinderkrankheit, die die neugeborenen Bücher befällt, sagte schon Georg Christoph Lichtenberg.

Jeder, der schon einmal durch ein Buch gefesselt wurde und es einfach nicht mehr aus der Hand legen wollte, weiß was für eine besondere Aura von einem Buch ausgehen kann und so mancher Lesemuffel hat durch die entsprechende Lektüre die Freude am Lesen entdeckt und sich umgangssprachlich zu einem richtigen Bücherwurm oder Leseratte entwickelt.

Es heißt zwar immer, es wird nicht mehr so viel gelesen wie früher, aber die immer wieder neu erscheinenden Bücher und Verkaufszahlen sprechen andere Worte.

Rezensionen werden für die Allgemeinheit wie Zeitungen, Zeitschriften, Magazinen, journalistischen Medien und in Rundfunk und Fernsehen wie auch im Internet veröffentlicht und jeder hat das Recht, seine Meinung in Wort, Schrift und Bild frei zu äußern und zu verbreiten.

Nicht zuletzt entscheidet sich der potentielle Käufer auf Grund positiver oder negativer Rezensionen für oder gegen den Erwerb eines Artikels.

Bücher leben in erster Linie von ihrem Inhalt, aber was macht ein gutes Buch aus?

Dies erfahren Leser oft aus einer gut geschriebenen und sachlich verfassten Rezension wie zum Beispiel.

Buchrezension: Die große Volksverarsche (Autor Hannes Jaenicke)

© 2013 Pressetext Jutta Schütz

Gründlich recherchiert, mit Quellenangaben und Verweisen belegt, lässt Hannes Jaenicke in seinem Buch „Die große Volksverarsche" wirklich mutig die Katze aus dem Sack und dokumentiert nicht nur die Zustände, sondern bietet auch einen Leitfaden an. Will McDonalds wirklich weniger fettleibige Kinder und wünscht sich die Arzneimittelindustrie weniger Kranke?

Jaenicke spart in diesem Buch nicht an Kritik und Blicken hinter die finsteren Kulissen. Er nennt Täter beim Namen und wettert gegen die verschiedensten Bereiche unserer Gesellschaft, ob in der Lebensmittel-, Pharma- oder Modeindustrie. Ein Werk von einem der wenigen deutschen Schauspieler, die sich trauen, Kontra zu geben - was hier aufgedeckt wird, spricht Bände über unser Land. Wenn man manche Rezension liest, die behauptet, die Themen seien in seinem Buch zu flach gehalten, der hat vermutlich den Sinn des Buches nicht verstanden. Hannes Jaenicke möchte zum Nachdenken anregen und das ist ihm bestens gelungen.

Teilweise ironisch, sogar leicht ins Zynische gehend, klärt er den Leser über Machenschaften auf und man merkt, dass dem Autor die Themen wirklich unter die Haut gehen. Jaenicke malt keineswegs ein apokalyptisches Bild unserer Gesellschaft, um dann mit händeringenden Untergangsprophezeiungen das Handtuch zu werfen, nein, er beschwört stattdessen den Kunden mal den Mittelfinger zu heben. Er hat eine konkrete Zusammenfassung „der uns umgebenden Probleme" auf den Punkt gebracht, ob es ein Kampf gegen Windmühlen ist, bleibt abzuwarten. Die Auswahl der Themen zeigt uns, wie wir von der Industrie, Landwirtschaft, Handel und Finanzwelt als Kunden und Verbraucher getäuscht werden. Trügerische Initiativen der Industrie wie die „Plattform Ernährung und Bewegung" (PEB') entlarvt Jaenicke als Scheinformierung von McDonalds, Nestlé & Co. Der Autor zeigt den Alltag eines Finanzberaters, der unter hohem Erfolgsdruck im Interesse der Bank und selten im Interesse seiner Kunden handelt. Und wie wenig Realität zum Beispiel an den beliebten Reality-Shows wie „Bauer sucht Frau" dran ist, zeigen die Originalkopien eines Drehkonzepts und eines Knebelvertrags für die Darsteller.

Es ist ein wirklich mutiges Buch, das wachrüttelt und ich finde es wichtig, dass er in seinem Buch Klartext schreibt und ich glaube auch nicht, dass Jaenicke den Anspruch erhebt, als allwissender Öko-Messias verstanden zu werden. Sein Buch soll Anstoß zu verantwortungsvollem Handeln geben und das ist ihm bestens gelungen.

Fazit: Es ist ein würdiges, ungeschöntes, objektives und inspirierendes Buch.

Chapeau vor Hannes Jaenicke.
In diesem Sinne: „One person can make a difference,
and everyone should try."
"Schon ein Einzelner kann zur Veränderung beitragen und
jeder sollte es versuchen. "
John F. Kennedy (Buchseite 12)

Kurzbeschreibung des Buches:

Das Konsumenten-Navi für Vor- und Nachdenker!

Geld regiert die Welt. Geld verdirbt den Charakter. Folglich verdirbt Geld die Welt. Wenn es um Macht, Umsatz und Profit geht, kennen Politik, Industrie und Werbung keine Scham, es wird gelogen, was das Zeug hält. Das Opfer ist immer der kleine Mann bzw. die kleine Frau, gerne auch End-verbraucher genannt. Was also können wir heute überhaupt noch bedenken-los konsumieren? Wo finden wir brauchbare Informationen? Wie können wir uns wirkungsvoll schützen vor der großen Volksverarsche?

Einer, der Missstände gerne und begeistert aufdeckt, ist der Schauspieler, Autor und Dokumentarfilmer Hannes Jaenicke. Sein Konsumenten-Navi bietet reichhaltiges Material für den kritischen Verbraucher: spannend, un-terhaltsam und provokant. Jaenickes Recherchen sind in dieser geballten Zusammenstellung ein wichtiges Zeugnis über die skrupellose Geschäftema-cherei in unserer modernen Konsumgesellschaft.

Buchdaten: Autor: Hannes Jaenicke

Verlag: Gütersloher Verlagshaus; Auflage: 4 (28. Mai 2013) Gebundene Ausgabe: 192 Seiten - EURO: 17,99

Sprache: Deutsch - ISBN-10: 3579066366 - ISBN-13: 978-3579066363

Über den Autor: Hannes Jaenicke, geboren 1960, aufgewachsen in den USA und Deutschland. Nach der Schauspiel-Ausbildung am Max-Reinhardt-Seminar in Wien (1979 – 1982) folgten Bühnenengagements an den renommiertesten Bühnen Deutschlands. Einem breiten Publikum wurde er Mitte der 1980er Jahre durch den Thriller „Abwärts" bekannt und drehte seitdem zahlreiche Kino- und Fernsehfilme. Seit 2007 produziert Hannes Jaenicke eigene Dokumentarfilme. Privat engagiert er sich für verschiedene Themen im Umweltschutz, zudem setzt er sich für zahlreiche karitative Organisationen wie die Christoffel Blindenmission (CBM), die tibetische Menschenrechtsorganisation International Campaign for Tibet (ICT) und Greenpeace ein. Mit seinem ersten Buch »Wut allein reicht nicht« (2010) kam er auf die SPIEGEL-Bestsellerliste.

Damals im November

(Autorin Helga Schittek)

© 2014 Pressetext Jutta Schütz

Dieser kriminalistisch angehauchte Roman „Damals im November" (Helga Schittek) beinhaltet vor allem witzige Dialoge und liebenswerte Charaktere, die schrulliger sind als in anderen Krimis. Wer also auf der Suche nach niveauvoller Belletristik ist, die nicht allzu blutig und gewalttätig ist, sondern eher zur Entspannung taugt, liegt hier also genau richtig.

Mit einer angenehmen Prise Humor gewürzt und mit gegensätzlichen Charakteren, bietet dieses Buch eine solide Krimi-Unterhaltung ganz ohne blutige und gruselige Obduktionen. Auf niveauvolle Art bringt die Autorin Helga Schittek den Leser immer wieder zum Schmunzeln.

„Damals im November" ist der 3. Teil in der Reihe der Riemenschneider-Krimis. Schräge Kriminalfälle in einer Gegend in der sonst nicht einmal das Pausenbrot aus dem Kühlschrank geklaut wird, bilden den Rahmen der Riemenschneider-Krimis. Diese Bücher sind einfach herrlich! Auf wunderbare Weise, mit viel Liebe zum Detail, Wortwitz und mit dem nötigen Augenzwinkern werden die Protagonisten von Schittek dargestellt. Absolut lesenswert!

Kurzbeschreibung des Buches: Was sich auch immer an Allerheiligen 1970 im Wald bei Kell zugetragen hat: Johannes Ippendorf, das Opfer, hat dieses Geheimnis mit ins Grab genommen. Der Hauptverdächtige, Ippendorfs Freund, Werner Dresse wurde aus Mangel an Beweisen freigesprochen. Doch Kriminalhauptkommissar a. D. Riemenschneider hat mit diesem Fall noch nicht abgeschlossen. Auch nach zwölf Jahren nicht! Aber dann führt im Oktober '82 eine Feier in Kell ihn und Dresse, der seit damals in Koblenz lebt, aufs Neue zusammen, und der Ermittler im Vorruhestand erkennt seine Chance. Doch ihm bleibt nicht viel Zeit, während irgendwo ein Mann lebt, der zahlen soll, damit ein anderer schweigt.

Buchdaten:

Damals im November - Autorin: Helga Schittek

Verlag: Books on Demand; Auflage: 1 (13. April 2012)

Broschiert: 212 Seiten, Sprache: Deutsch, EUR 13,90

ISBN-10: 3844808558 und ISBN-13: 978-3844808551

Biografie der Autorin: Helga Schittek, Jahrgang 1957, liebt es spannend.

Nach der Handelsschule probierte die Autorin, die in Schmelz-Limbach an der Saar geboren wurde, verschiedene Tätigkeitsfelder aus. Und so landete sie eines Tages in einem sozialen Beruf und im Kreis Ahrweiler, wo sie bis heute mit ihrer Familie lebt. Wie viele gebürtige Saarländer, hat auch sie sehr tiefe Wurzeln. Vor einigen Jahren entdeckte sie ein Hobby aus Jugendtagen - das Schreiben - wieder neu.

Und während eines Wanderurlaubs im Hochwald, kreierte sie ihren Protagonisten, den frühpensionierten Hauptkommissar Heiner Riemenschneider aus Kell am See, eine Mischung aus Alt-Hippie und Spießer, der auf recht eigenwillige Weise ermittelt. ("Der Fall Karin Riemenschneider", "Der Wurzel Übel" und "Damals im November.").

Internetseite der Autorin: www.helga-schittek.weebly.com

Rezension: Mord und Brand, Fluten und Sand (Autorin Marion Birkenbeil)

© 2014 Pressetext Jutta Schütz

In den fünf Bänden in diesem Buch geht es um spannende Abenteuer in Australien und dass die Protagonisten Jugendliche sind, schränkt die Leserschaft keineswegs auf diese Altersgruppe ein. Dass man hier was ganz Großes liest, bleibt einem nicht lange verborgen. An „Mord und Brand, Fluten und Sand" stimmt einfach alles. Die Geschichten sind solide mit passendem Spannungsbogen erzählt, dramaturgisch geschickt aufgezogen und die Autorin „Marion Birkenbeil" lässt auch gekonnt die Figuren psychologisch plausibel erscheinen. Da ist alles wirklich beeindruckend inszeniert.

Die fünf Bände in „Mord und Brand, Fluten und Sand" sind alle fesselnde und fiktive Romane und Krimis. Die 14-jährige Anna und ihr 11-jähriger Bruder Sebastian erleben mysteriöse Dinge. An der Sonnenscheinküste in Queensland (Australien) verschwinden Kinder, Diebe werden gesucht, und eines Tages wird sogar eine Leiche im Wald entdeckt.

Können die Geschwister und ihre Freunde helfen, die Fälle zu lösen?

In den fünf Bänden in diesem Buch geht es außerdem um:

• Nette und gemeine Kinder & Erwachsene

• Drollige und mutige Hunde

• Frösche, Echsen und Schlangen

• Flotte und lahme Kröten

• Lachende Vögel und Vögel, die wie Affen klingen

• Drachen am Himmel

• Buschfeuer und Überschwemmungen

• Abenteuer, Diebstahl und Mord

• Intrigen, Freundschaften, erste Liebe und Romanze – also:

Mein Fazit: Durch Marion Birkenbeil´s tollen Schreibstil bietet sie dem Leser einen schnellen, problemlosen Einstieg in die verschiedenen Geschichten und sie verrennt sich auch nicht in erzähltechnische Sperenzchen.

In allen Bänden bleibt diese tolle, jugendliche Ausdrucksweise erhalten, die den Charakteren Leben verleiht und sie so sympathisch erscheinen lässt. Mit unglaublicher Raffinesse und einem feinen Gespür für Details spielen sich neben der Haupthandlung viele Szenen ab, die liebevoll die Komplexität Jugendlicher beleuchtet. Das Buch eignet sich für Jugendliche vielleicht so ab 11 - wenn sie schon Thriller mögen, aber auch für Erwachsene als Krimilektüre.

Buchdaten: Mord und Brand, Fluten und Sand (Kinder- und Jugendbuch) Autorin Marion Birkenbeil - Verlag: Shaker Media

Ausstattung/Bilder: 354 S. 210 mm, Seitenzahl: 354

ISBN-13: 9783956310515 und ISBN-10: 3956310519 - EUR 20,90

Autorin Marion Birkenbeil wurde 1963 in Wuppertal, Deutschland, geboren. Nach dem Abitur schloss sie eine Ausbildung im Zierpflanzenbau ab und arbeitete viele Jahre als Gärtnerin. Später studierte sie in Essen Landespflege mit dem Studienschwerpunkt Landschaftsplanung / Ökologie. 1997 wanderte sie nach Australien aus und lebt nun mit ihrem Mann, einem gebürtigen Kanadier, an der „Sunshine Coast" in Queensland. 2001 hat sie sich als Landschaftsarchitektin selbstständig gemacht. Ihr Traum war jedoch schon immer, Autorin zu werden. Sie wünscht den „Leseratten" viel Spaß an ihren Büchern!

Buchrezension: Ganz oben Ganz unten
(Autor Christian Wulff)

© 2014 Pressetext Jutta Schütz

Wie gewonnen, so zerronnen - so hätte das Buch heißen müssen. Wulff war nie ganz unten und vom ethischen sozialen Aspekt war er auch nie oben. Sein „Sold auf Lebenszeit" ist sichergestellt und er muss für den Rest seines Lebens keinerlei existenzielle Befürchtungen haben. Ehrensold für 19 Monate Dienst, auf Kosten der Steuerzahler, von denen viele ums tägliche Brot kämpfen müssen. Dieses Buch ist KEIN Lehrstück über Politik, Justiz und Presse!

Ex-Bundespräsident „Christian Wulff stellte am 10. Juni 2014 sein Buch vor und er sagte: „Natürlich habe ich Fehler gemacht und es sei keine Abrechnung. Er wolle nur die Sichtweise auf seinen Fall abrunden." Gleichzeitig greift er aber bei der Vorstellung seines Buches manche Medienvertreter massiv an. Er sagt selbstbewusst: „Ich wäre auch heute der Richtige im Amt." Wer dieses Buch liest, lernt einen gekränkten und verärgerten Mann kennen, der seinen Rücktritt weder verwunden noch verstanden hat. Die Wahl zum Bundespräsidenten war nur durch das richtige Parteibüchlein sowie seiner Kontakte möglich, denn er war schon als niedersächsischer Ministerpräsident überfordert. „Würde" und „Anstand", die einen Menschen und Politiker in diesem Amt auszeichnen sollten, haben ihm sichtlich gefehlt.

Wulff möchte wieder ein Liebling der Medien werden und nutzt nun seine Geschichte um sich als Märtyrer zu präsentieren, der ein Opfer des „Systems" geworden ist. Vielleicht wird dieses Buch auch zum Lehrstück „über das Scheitern von Politiker-Memoiren". Die ungeschriebene goldene Regel für „Promi-Biographien" lautet: Werke, in denen sich die Abgewählten, Gestürzten und Zukurzgekommenen als schlechte Verlierer porträtieren, werden auch den Kampf um den Leser verlieren.

Christian Wulff kassiert vom Steuerzahler 200.000,-- Euro jedes Jahr. Er bekommt dazu ein eigenes Büro, Personal, Dienstwagen und Chauffeur. Dies alles bis zum Lebensende. Dazu verfügt Wulff über eine hervorragende juristische Ausbildung. Seine Anwaltskanzlei ist in Hamburg mitten in der City, Hohe Bleichen 17. Dort wird er sich die Etage mit der Beratungsgesellschaft Sollors & Co teilen, dessen Geschäftsführer ein guter Freund von Wulff ist. Er ist gesund. Er hat nur durch seine Ungeschicklichkeit und Verhalten seine politische Karriere eingebüßt.

Sehr geehrter Herr Wulff, schauen Sie sich bitte Menschen in unserem Land an, die tatsächlich ganz unten sind. Viele Menschen, haben keine Perspektive mehr! Im Mai 2014 waren in Deutschland rund 2,88 Millionen Arbeitslose registriert. Über 300.000 Menschen sind obdachlos (Quelle: Spiegel: fdi/AFP/dpa). 2016 könnten demnach 380.000 Menschen in Deutschland wohnungslos sein (Quelle: Neue OZ vom 01.08.2013). Im Jahr 2014 bezogen durchschnittlich 4.430.891 Personen in Deutschland Hartz IV. Quelle: http://de.statista.com/statistik/daten/studie/1396/umfrage/leistungsempfa enger-von-arbeitslosengeld-ii-jahresdurchschnittswerte/

Hinzu kommen Pflegebedürftige, Schwerkranke und Alleinerziehende sowie Menschen, die ohne die „Essens-Tafeln" hungern müssten. Für all diese Menschen wird Ihr Buch wirklich der reine Hohn sein.

Fazit: Für eine Verhaltensweise „in Würde und Anstand" fehlt Wulff jegliche Distanz - nicht alles, was nicht verboten ist, ist erlaubt.

Kurzbeschreibung des Buches: Erscheinungstermin: 11. Juni 2014

Am 17. Februar 2012 trat Christian Wulff nach 598 Tagen von seinem Amt als Bundespräsident zurück. Obwohl sich vor Gericht auch der letzte gegen ihn erhobene Vorwurf als haltlos erwies, reichte die öffentliche Demütigung noch über den Tag des Freispruchs hinaus. Niemals zuvor haben die Medien unseres Landes einen Politiker in solcher Weise verfolgt. Auch das Verhalten der Staatsanwaltschaften in Celle und Hannover wirft Fragen auf. Ging alles mit rechten Dingen zu? Nachdem sich bisher Andere mit der Causa Wulff auseinandergesetzt haben, schildert nun Christian Wulff aus seiner Sicht, wie die Affäre inszeniert wurde, was sich hinter den Kulissen abspielte und wie es sich anfühlt, derlei massiven Angriffen ausgesetzt zu sein. Auch seine eigenen Fehler benennt er. "Ganz oben Ganz unten" ist ein Lehrstück über Politik, Presse und Justiz, das nachdenklich macht.

Buchdaten: Ganz oben Ganz unten, Autor: Christian Wulff, Verlag: C.H.Beck; Auflage: 1 (11. Juni 2014), Gebundene Ausgabe: 259 Seiten - Sprache: Deutsch, ISBN-10: 3406672000 und ISBN-13: 978-3406672002

Jenseits des Protokolls (Bettina Wulff)

© 2012 Pressetext Jutta Schütz

475 (402 gaben nur einen Stern) Kundenrezensionen bei Amazon – und das Buch von Bettina Wulff ist erst seit diesem Mittwoch offiziell im Verkauf. Daher finde ich es erstaunlich wie viele Menschen hier in der Lage waren das Buch in der kurzen Zeit zu kaufen, bis zum Ende zu lesen und eine Rezension zu verfassen, die „Jenseits des Protokolls" eine Welle von Häme und Spott hinterlassen. Eigentlich ist das Buch keine Rezension wert, da sie es noch nicht mal selbst geschrieben hat, aber ich will mal nicht so sein…

Vor Bettina Wulff gab es schon Ehefrauen von Spitzenpolitikern, die ihre Erinnerungen veröffentlicht haben. Loki Schmidt oder Rut Brandt haben es getan und der Unterschied zu Frau Wulff besteht darin, dass diese Frauen auf ein ereignisreiches Leben zurück blicken konnten. Man sollte seine Biographie erst schreiben, wenn man etwas geleistet hat, was hier ja nicht der Fall ist. Fast 600 Tage „First Lady" rechtfertigt dieses Buch in keinem Fall.

Bettina Wulff wollte mit ihrem Buch ihren Ruf wiederherstellen. Es ist unfassbar für mich, wie ein intelligenter Mensch, der dazu noch PR-Berater ist, ein derartiges Buch veröffentlichen kann. Der Schreibstil mutet einfach und kindlich an und auch unnötig werden private Details bekanntgegeben, welche vor allem Christian Wulff in einem noch schlechteren Licht erscheinen lassen. Wer bis jetzt geglaubt hat, dass Christian Wulff im Endeffekt ein guter Kerl war, der nur an die falschen Freunde geraten ist, wird mit diesem Buch eines Besseren belehrt.

Erst Jauch anwulfen und jetzt solch eine Inszenierung...

Außerdem verstehe ich nicht, warum Bettina Wulff sich so aufregt, schließlich kommt das Wort „Prostitution" von dem lateinischen „prostituere" und das heißt: nach vorn – zur Schau stellen – preisgeben! Siehe Wikipedia.

Ich zitiere hier das Hamburger Abendblatt vom 13.09.2012: „Die Kommentare zu Bettina Wulff im Internet sind deutlich, besonders bei Amazon häuft sich die Häme. „Geltungssucht" zählt da noch zu den freundlicheren Vorwürfen. Wulffs Verlag ist überrascht, ein Wissenschaftler sieht Parallelen zum Fall Guttenberg." Wenn ich mir das Buchcover betrachte, offenbart Bettina Wulff auf dem Foto mehr aus ihrem Innenleben als ihr selbst bewusst sein dürfte.

Leider sieht es so aus, dass meine Berufskollegin Bettina Wulff trotz einschlägigen Studiums keine große Ahnung von PR hat, ihr Business pushen möchte und nur im Gespräch bleiben will. Mag das Buch sein, wie es will, die Kommentare bei Amazon sind besser als die Zeilen von Bettina Wulff. Vielleicht sollte der Riva Verlag diese drucken, als "Best off" sozusagen. Was ich gelesen habe, eröffnet keine neuen Horizonte - für eine Biographie ist sie zu irrelevant und langweilig. Wenn es nach dieser Qualität geht, wird das Buch kaum Abnehmer finden, trotz des enormen juristischen Werbeaufwandes.

Kurzbeschreibung des Buches: Erscheinungstermin: 12. September 2012. Sie war 598 Tage die bisher jüngste First Lady der Bundesrepublik Deutschland. Mit dem Beginn der Amtszeit ihres Mannes begann für sie als Frau von Christian Wulff ein völlig neues Leben. An der Seite ihres Mannes repräsentierte sie Deutschland im In- und Ausland und engagierte sich ehrenamtlich vor allem für benachteiligte Kinder und Jugendliche. Dem Rücktritt des Bundespräsidenten im Februar 2012 gingen Vorwürfe in den Medien zum Einfamilienhaus, zu Urlauben und zur Kleidung voraus. Darüber hinaus gab es Gerüchte zu einem angeblich bewegten Vorleben. Bettina Wulff erzählt, wie sie mit allen Anschuldigungen umgegangen ist und wie sie die schwierige Zeit erlebt hat. Sie schildert die durchwachten Nächte, die Zweifel, die Wut, die Hilflosigkeit, wenn man plötzlich von allen Seiten unter Beschuss steht, und das Ausmaß der Belastung, der eine Ehe und eine Familie in solch einer Zeit ausgesetzt ist. Bettina Wulff hat ein überaus offenes Buch geschrieben.

Über den Autor: Bettina Wulff, geb. Körner, wurde 1973 in Hannover geboren. Nach dem Studium arbeitete sie als PR-Fachfrau. 2006 lernte sie den damaligen niedersächsischen Ministerpräsidenten Christian Wulff kennen, den sie 2008 heiratete. Nicole Maibaum ist Journalistin und Autorin. Sie hat bereits diverse erfolgreiche Ratgeber, Biografien und einen Stadtkrimi veröffentlicht.

Buchdaten: Gebundene Ausgabe: 224 Seiten - Verlag: Riva (12. September 2012) - Sprache: Deutsch - ISBN-10: 3868832734 und ISBN-13: 978-3868832730 - EUR 19,99, Zum Zeitpunkt (29.09.2013) sind es 1-Stern-Kundenrezension: 895

Robbie Williams - You know me

(Autoren: Robbie Williams, Chris Heath, Lisa Kögeböhn)

© 2012 Pressetext Jutta Schütz - Englische Version: siehe unten

Immer wieder wechselnde Höhen und Tiefen begleiten den Musiker, Entertainer und Ausnahmekünstler durch seine beispiellose Karriere. Auch sein Buch ist ein wunderbarer und bestens illustrierter Bericht über die vielfachen Facetten des Künstlers mit vielen privaten Einblicken in das Leben des hedonistischen Robert Peter Williams.

You know me – Du kennst mich.

Rob wirkt bei diesem Rückblick zwar nicht gerade weise, allerdings ist er von dem unstabilen, hypersensiblen und unsicheren Typen, der in der Biografie Feel beschrieben wird, weit entfernt. Chris Heath schafft es immer wieder, die Texte so zu schreiben, dass man das Gefühl bekommt, direkt neben Rob zu sitzen.

Neben zahlreichen Fotos gibt der Sänger viele Anekdoten zum Besten. Alle wichtigen Stationen von Robbie Williams' Karriere finden sich im Buch wieder: Die Zeit bei Take That und die jüngste Reunion, Videodrehs und Backstage-Konzertfotos, bei den MTV-Movie-Awards, als rohfleischgewordener Rock DJ, Cover-Fotoshootings, Royal Albert Hall, Knebworth, und vieles mehr. Solche Dimensionen wie 2003 im englischen Knebsworth sind bei Robbie Williams fast schon "normal". Seit 1996 bekam er für seine Auftritte über 70 renommierte Preise und ist einer der erfolgreichsten Stars überhaupt. Natürlich gibt das Buch auch Aufschluss über die verflossene Take That Zeit und erläutert, wie es zur Reunion 2010 aus Robbies Sicht kam, beginnend mit Gary Barlow und 'Shame'.

Es wird berichtet über Eskapaden, Entziehungskuren, sexuelle Anekdoten - Nichts von dem wird im Buch verschwiegen, aber natürlich mit einer ständigen Brise britischen Humors in oft kurzen, knappen Textzeilen bereichert. Das Buch ist weniger textlastig, obwohl natürlich alles Wesentliche gesagt wird. Vor allem wirkt es durch die Vielzahl von Fotos aus allen Lebenslagen wie ein Familienalbum.

Natürlich weiß man, dass heutzutage für das Image nichts dem Zufall überlassen wird. An seiner Seite sind viele Berater und Marketing-Fachleute, die sich beständig darum bemühen, ein konkretes Image des Künstlers zu erzeugen und zu verbreiten, das natürlich in erster Linie verkaufsfördernden Nutzen haben soll. Und trotz alldem ist dieses Buch eine große Augenweide mit eindrucksvollen Texten und Bildern wie jene vom legendären Konzert in Knebworth 2003, das zeigt, wie schwer es sein muss, solche Auftritte innerlich zu verkraften, ohne völlig abzuheben.

In Kapitel aufgeteilt und in chronologischer Jahresfolge sortiert, erzählen Chris und Rob witzige und abenteuerliche Anekdoten, angefangen mit der Solokarriere bis hin zur Wiedervereinigung mit Take That.

Wie in jedem Buch lässt sich auch hier ein Kritikpunkt finden: Dies sind die Texte, die in die Bilder geschrieben wurden. Mir wäre persönlich ein Foto begleitender Text lieber gewesen. Trotzdem ist dieses Buch mit jeder einzelnen Seite für alle Robbie Williams Fans einfach ein MUSS, alleine schon wegen der schönen Fotos.

Über den Autor müsste man eigentlich nicht viel erzählen – jeder kennt ihn. Aber so manche Insider-Info ist vielen Fans vielleicht doch noch nicht bekannt. Der 16-jährige Schulabbrecher scheiterte auch als Fensterverkäufer und nahm sich dann ganz fest vor, berühmt zu werden. Er wollte einen weißen Porsche fahren, um seine Kumpels abzuholen. Sein Berufsberater hatte ihm vorgeschlagen, zur Armee zu gehen, was er aber nicht wollte. So wurde er Popstar. Robbie Williams ist seitdem weltweit erfolgreich und hat insgesamt über 68 Millionen Tonträger verkauft. Er erhielt 15 BRIT- Awards sowie einen Eintrag im Guinness-Buch der Rekorde für 1,6 Millionen verkaufte Eintrittskarten innerhalb eines Tages. Er ist jener Popstar, der sich immer wieder verändert - mal servierte er uns schmachtende Balladen, dann Swing und danach wieder trockenen Elektro und Hip Hop - um am Ende doch wieder beim großen Pop-Gefühl zu landen. Es gibt nicht einen, sondern ganz viele Robbies.

Chapeau vor Robbie Williams.

Ein paar Worte noch zu Chris Heath: Er ist ein englischer Musikjournalist und brachte die Biographie "Literally" über die Pet Shop Boys heraus. Außerdem produzierte er den Bestseller Feel über Robbie Williams, der in mehrere Sprachen übersetzt und weltweit verlegt wurde.

Buchdaten: Gebundene Ausgabe: 288 Seiten, Verlag: Heyne Verlag (8. März 2011) - Sprache: Deutsch, ISBN-10: 3453188195 und ISBN-13: 978-3453188198 - Robbie Williams, Chris Heath, Lisa Kögeböhn

Ever changing heights and depths of the musician, entertainer and artist accompany the exceptional as well as unprecedented career. His book is a wonderful and well-illustrated report on the many facets of the artist, with many insights into the private life of hedonistic Robert Peter Williams.

You know me - *© 2011 Pressetext Jutta Schütz*

Here, Rob does not seem to be a wise man, but he is far from the unstable, insecure and hyper-sensitive type who is described in the biography "Feel". Chris Heath always manages to write in a way that you get the feeling you were sitting next to Rob. In addition to numerous photos we find a lot of the singer's anecdotes. All major stations of Robbie Williams' career can be found in the book: The Take That-era as well as the recent reunion, video shoots and backstage concert photos, at the MTV Movie Awards, as incarnated Rock DJ, cover photo shoots, Royal Albert Hall , Knebworth, and much more. Dimensions such as in 2003 in Knebworth/England are almost "normal" with Robbie Williams.Since 1996, he got over 70 prestigious awards for his performances, and he is one of the most successful stars of all times. Of course, the book also sheds light on the elapsed Take That-time and explains from Robbie's point of view how it came to the Reunion 2010, beginning with Gary Barlow and 'Shame'.

Escapades, withdrawal cures or sexual anecdotes are reported - nothing is concealed in the book, but naturally enriched with a constant breeze of British humor, often in short, succinct lines of text. The book is less text-heavy, although everything important is of course said. Above all, it looks like a family album by the multitude of photographs from all walks of life.

Of course we know that today an image is made by professionals. At his side, there are many consultants and marketing professionals who struggle continually to produce and spread a concrete image of the artist primarily for promotional benefits. And despite all this, this book is a great feast for the eyes with memorable texts and images such as those about the legendary concert at Knebworth in 2003, which shows how difficult it must be to cope with such a success without totally leaving ground. The book divided into chapters and sorted in chronological order, Chris and Rob tell funny anecdotes and adventures, beginning with the solo career up to the reunion with Take That. As in every book, you can find a point of criticism: It's the texts that were written into the pictures. I personally would have preferred a separated text. Nevertheless, every page of this book is simply a must have for all Robbie Williams fans just because of the beautiful photographs. You needn't tell much about the author - everyone knows him. But some insider info is perhaps not yet known to many fans. The 16-year-old school dropouts also failed as a window salesman, and then he made a note to become famous. He would drive a white Porsche to pick up his buddies. His guidance counselor had suggested him to go to the army, which he denied. So he became a pop star. Robbie Williams has since been successful worldwide and has sold a total of over 68 million records. He received 15 Brit Awards and an entry in the Guinness Book of World Records for 1.6 million tickets sold in one day. He is the one pop star who is constantly changing - sometimes he serves us tearjerkers, then swing, and then afterwards dry electro and hip hop - to end up again with the big pop sensation. There is not only one, but quite a lot of Robbies. Hats off for Robbie Williams.

A few words about Chris Heath: He is an English music journalist and published the biography "Literally" about the Pet Shop Boys. He also wrote the bestselling "Feel" about Robbie Williams, which was translated into several languages and published worldwide.

Book details: Hardcover: 288 pages Publisher: Heyne Verlag (March 8, 2011) Language: German, ISBN-10: 3453188195 and ISBN-13: 978-3453188198 - Robbie Williams, Chris Heath, Lisa Kögeböhn - Publication only with reference.

Madeleine: Das Verschwinden unserer Tochter und die lange Suche nach ihr

© 2012 Pressetext Jutta Schütz

Wer erinnert sich nicht an den verzweifelten Appell der Eltern des entführten Mädchens, das plötzlich in der Nacht aus dem Hotelzimmer verschwand, während ihre Eltern mit Freunden im Restaurant an der Ecke saßen? (engl. Buchtitel: Madeleine: Our Daughter's Disappearance and the Continuing Search for Her)

Am Abend des 03.05.2007 verschwand Madeleine McCann aus Rotheley (mittelenglische Grafschaft Leicestershire). Das Ärzte-Ehepaar war mit ihrer dreijährigen Tochter und ihren zweijährigen Zwillingen im Urlaub in der portugiesischen Region Algarve (Ferienanlage Ocean Club – Praia da Luz). Als das Mädchen verschwand, hielten sich die Eheleute McCann zusammen mit mehreren Freunden in einem nahegelegenen Restaurant auf. Nach den Angaben der Eltern sahen sie alle 30 Minuten nach den Kindern. Gegen 22 Uhr hätten sie das Verschwinden von Madeleine festgestellt.

Ich muss vorab sagen, dass ich der ganzen Entführungsstory immer etwas skeptisch gegenüber stand, die Familie kam mir einfach zu perfekt rüber. Das Buch hat mich trotzdem interessiert und man erfährt viele neue Fakten, die ein anderes Licht auf die Story werfen. Manche Abschnitte im Buch fand ich zwar dennoch etwas strange aber größtenteils war das Buch interessant zu lesen.

Das Buch bietet eine biographische Aufarbeitung eines Familiendramas, das sich wie ein Krimi liest. Leider vermisste ich über weite Strecken ein wenig distanzierte Selbstreflektion. Kate McCann sitzt zwischen dem Spannungsfeld Polizei und Medien und wird hin und her gezogen und bekommt mit wie sehr diese beiden Branchen zusammen arbeiten. Sie ist sich nicht zu schade, auch persönliche Tagebucheinträge, die in Kursivschrift eingestreut werden, preis zu geben. Eine Frau, die immer wieder davon erzählt, wie sehr ihr Leben auch dadurch Schaden genommen hat, solch ein Schicksal zu durchleben. Sie schildert sich selbst als eine zutiefst selbstreflektierte Mutter, eine Steh-Auf-Frau, die an ihrem tragischen Schicksal auch wächst und reift. Eine Frau, die zu ihrer Stärke und ihrem Durchhaltevermögen kommt; eine betroffene Mutter, die von der Zerbrechlichkeit des Lebens erzählt, die eigene Anonymität opfert, um das eigene Kind zu finden.

Ich persönlich brauchte einen langen Atem, um bei diesem Buch durchzuhalten. Es wird viel Unwichtiges erzählt. Ein nicht vorhandenes Schuldbewusstsein kann ich bis heute bei den Eltern nicht entdecken, sie haben zwar eingestanden, dass sie einen Fehler gemacht haben und wissen sehr wohl, dass es ihre Schuld ist, dass so eine Entführung überhaupt passieren konnte- aber breit getreten haben sie diese Ansicht natürlich nicht.

Die McCanns haben einen eigenen Spendenfond eingerichtet, eine große Internetkampagne gestartet und viele berühmte Menschen wie den Papst getroffen. Gebracht hat es leider nichts, Maddie ist weiterhin wie vom Erdboden verschluckt. Die Eltern geben nicht auf. Jetzt haben sie ein neues Foto ihrer Tochter veröffentlicht. Das Bild wurde mit einem speziellen Computerprogramm erstellt und zeigt, wie Maddie heute aussehen könnte.

Seit 2007 lese ich über diesen Fall Madeleine McCann, einen Großteil der portugiesischen Polizeiakten und Zeugenaussagen sind im Internet nachzulesen. Wenn man das mit den Aussagen der McCanns im Buch vergleicht, gehen diese Aussagen ziemlich auseinander.

In den Medien wird auch behauptet, dass die McCanns niemals eine offizielle Wiedereröffnung des Falles angestrebt haben. Wer könnte kein Mitleid mit den Eltern empfinden? Aber was passiert, wenn die gleichen Eltern etwas mit dem Verschwinden ihrer Tochter zu tun haben? Nach der im September 2007 erhobenen Anklage gegen die Eltern Kate und Gerry McCann folgte im Juli 2008 der Freispruch aus Mangel an Beweisen. Aus „Welt Online – von Regina Köhler":

Öffentliche Zweifel am Verhalten der McCanns äußerte jetzt Kriminalpsychologe und Experte für Entführungsopfer Christian Lüdke. Der 47-Jährige betreut bundesweit seit Jahren Opfer von Gewalt und Kriminalität. „Der gewaltige Medienrummel, den die Eltern der kleinen Madeleine inszeniert haben, macht mich stutzig", sagt er. Das Verhalten der Eltern sei sehr außergewöhnlich und entspreche nicht den Erfahrungen, die er mit Entführungsopfern habe. „Eltern, die so etwas erleben, ziehen sich traumatisiert zurück, reagieren verzweifelt und hilflos und begeben sich sehr schnell in das gewohnte, häusliche Umfeld, wo auch Familie und Freunde sind." Lüdke vermutet einen Einzeltäter aus dem familiären oder beruflichen Umfeld der McCanns. Quelle: © Axel Springer AG 2012. Alle Rechte vorbehalten/ Von Regina Köhler-Welt Online, 06.06.2007.

Die Einstweilige Verfügung der McCanns, das Buch des portugiesischen Kriminalisten Goncalo Amaral Lusa zu stoppen, wurde vom Zivilgericht

Supremo Tribunal de Justiça in Lissabon (Portugal) abgelehnt und es darf auch weiterhin vertrieben werden.

Der ehemalige Chefermittler des Falls, veröffentlichte im Juli 2008 ein Buch mit dem Titel „Maddie. A verdade da mentira" („Maddie. Die Wahrheit der Lüge", Titel der 2009 erschienenen deutschen Übersetzung: Maddie. Die Wahrheit über die Lüge), in dem er über seine Arbeit an dem Kriminalfall schreibt. Er war aus seinem Amt entlassen worden, nachdem er das ihm zu einseitig erscheinende Verhalten der britischen Regierung zugunsten der Eltern kritisiert hatte, und wollte nun mit seinem Buch der Öffentlichkeit seine Sicht des Falls zeigen. Laut Meinung Goncalo Amarals, kam Madeleine in Praia da Luz bei Lagos bereits in der besagten Nacht des 3. Mai 2007 ums Leben, was aber nie bewiesen werden konnte.

McCanns ließen mit einer einstweiligen Verfügung den Verkauf des Buchs in Portugal im September 2009 verbieten und forderten Schadenersatz. Im Oktober 2010 wurde die einstweilige Verfügung gegen Amarals Buch aufgehoben.

Der ehemalige Chefermittler Amaral macht weiterhin keinen Hehl aus seiner Meinung, dass die Eltern maßgeblich am Tod ihrer Tochter beteiligt waren, was ihm eine Schadensersatzklage in Höhe von 1,2 Millionen Euro der McCanns einbrachte.

Im Jahr 2011 veröffentlichte die amerikanische Profilerin Pat Brown ein Buch, das sich ebenfalls kritisch mit dem Fall auseinandersetzte. Das Buch wurde nach Intervention der von den Eltern des Mädchens beauftragten Anwaltskanzlei Carter Ruck aus dem Programm von Amazon genommen.

Kurzbeschreibung des Buches „Madeleine: Das Verschwinden unserer Tochter und die lange Suche nach ihr" (Quelle: Amazon.de): Madeleine wurde am Donnerstag, den 3. Mai 2007, in Praia da Luz, Portugal, entführt. Sämtliche polizeilichen Ermittlungen wurden im Laufe des Jahres 2008 eingestellt, doch die Eltern gaben die Hoffnung niemals auf. Sämtliche Autorenhonorare gehen an Madeleines Fond.

„Die Niederschrift dieses Buches war eine zeitraubende und zuweilen herzzerreißende Erfahrung, aber sie wurde mir dadurch erleichtert, dass ich seit Mai 2007 täglich Tagebuch geführt habe. Dabei wäre mir das von allein gar nicht in den Sinn gekommen, es war der Vorschlag eines der vielen Experten, die uns in jenem Monat über das Minenfeld aus Emotionen und praktischen Erfordernissen hinweghalfen. Ich stehe für immer in seiner Schuld für diesen großartigen Rat. Anfangs erschien es mir wie eine gute Möglichkeit, für Madeleine aufzuzeichnen, was in den Tagen seit ihrem Verschwinden passiert ist, aber alles aufzuschreiben erwies sich als ungeheuer therapeutisch für mich. Die täglichen Notizen boten mir ein Ventil für meine Gedanken und extremen Gefühle. Sie waren für mich der Raum, in dem ich hinausschreien konnte, was ich nicht von den Dächern schreien durfte. Und sie gaben mir die Möglichkeit, mich Madeleine nahe zu fühlen."

Buchdaten: Gebundene Ausgabe: 472 Seiten, Verlag: Bastei Lübbe (Lübbe Hardcover); Auflage: 2 (16. September 2011), Sprache: Deutsch, ISBN-10: 3785724438, ISBN-13: 978-3785724439 - EUR 16,99

Um sich in dieser Sache ein eigenes Urteil (wenn so etwas überhaupt möglich ist) bilden zu können, empfehle ich, alle drei Bücher zu kaufen, die ich hier vorgestellt habe. Ich persönlich würde mir natürlich wünschen, dass das Mädchen Maddie noch am Leben ist und es ihr gut geht und natürlich möchte auch ich mir nicht vorstellen, dass die Eltern an ihrem Schicksal schuld sein könnten.

3096 Tage von Natascha Kampusch (Natascha Kampusch)

© *2012 Pressetext Jutta Schütz*

Natascha Kampusch erzählt in ihrem Buch wie sie die unzähligen einsamen Stunden in ihrem Verlies ertragen musste. Sie schildert in zehn Kapiteln (284 Seiten) von schrecklichen Misshandlungen und sexuellen Übergriffen. Das Buch liefert einen beklemmenden Einblick in acht Jahre voller Angst.

Im Buch „3096 Tage" erfährt man nicht viel mehr, als schon in der Öffentlichkeit bekannt ist. Es wurde in der „Ich-Form" geschrieben und diese schrecklichen Jahre werden im extremen Zeitraffer beschrieben. Der Leser erfährt einiges aus dem Leben der Natascha Kampusch vor ihrer Entführung, dem Tag der Entführung selber und auch die Jahre in Gefangenschaft.

Es ist mir aufgefallen, dass Nataschas Schilderungen abweichen vom Polizeiprotokoll und ihren Schilderungen unmittelbar nach der Befreiung im Eisenstädter Hotel.

Sie beschreibt ihren Entführer Priklopil als „Mama-Bubi", einen Psychopathen mit zwei Gesichtern. Er soll nett, fürsorglich, in der anderen Sekunde aufbrausend und jähzornig gewesen sein. Wegen einer Kleinigkeit wirft er ein Stanley-Messer nach Natascha, das in ihrem Knie stecken blieb. Außerdem prügelte er bis zu 60 Mal auf ihr Gesicht ein. Dies hält Natascha in einem Tagebuch in ihrem Verlies fest.

Ich bezweifle sehr, ob es richtig war, wie Natascha den Weg zur Öffentlichkeit wählte. Sie begibt sich dadurch in die nächste Gefangenschaft und auch ihre Berater an ihrer Seite scheinen kein gutes psychologisches Händchen zu besitzen. Einerseits schimpft sie über die "Sensationsgier der Boulevardpresse" und trotzdem verkauft sie ihre Geschichte ausgerechnet an solch eine Zeitung. Es ist ihr zu wünschen, dass sie die Freiheit erlebt, die sie sich wünscht. Trotzdem steht es mir und auch anderen nicht zu, darüber etwas Schlechtes zu schreiben – da es sich ja um eine Autobiografie handelt.

Kurzbeschreibung des Buches (Quelle: Amazon): Natascha Kampusch erlitt das schrecklichste Schicksal, das einem Kind zustoßen kann: Am 2. März 1998 wurde sie im Alter von zehn Jahren auf dem Schulweg entführt. Ihr Peiniger, der Nachrichtentechniker Wolfgang Priklopil, hielt sie in einem Kellerverlies gefangen - 3096 Tage lang. Am 23. August 2006 gelang ihr aus eigener Kraft die Flucht. Priklopil nahm sich noch am selben Tag das Leben. Jetzt spricht Natascha Kampusch zum ersten Mal offen über die Entführung, die Zeit der Gefangenschaft, ihre Beziehung zum Täter und darüber, wie es ihr gelang, der Hölle zu entkommen.

Über die Autorin: Natascha Kampusch, geboren am 17. Februar 1988 in Wien, war Opfer einer der längsten Entführungen der jüngeren Geschichte. 2006 hat sie ihre Freiheit zurückerobert. Seither versucht sie, ein normales Leben zu führen. Im Frühjahr 2010 machte sie ihren Schulabschluss.

Buchdaten: Verlag: List (8. September 2010) - Sprache: Deutsch

ISBN-10: 3471350403 und ISBN-13: 978-3471350409

9.90 EURO

Old Before My Time
(Vor meiner Zeit schon alt)

© 2012 Pressetext Jutta Schütz

Die 14-jährige Britin Hayley Okines leidet an dem Gen-Defekt „Progerie", auch Greisenkrankheit genannt. Jetzt hat sie gemeinsam mit ihrer Mutter ihre Biografie geschrieben.

Hayley, die als Teenager im Körper einer 100-Jährigen lebt, erzählt in ihrem Buch von ihren Teenager-Träumen. Auf den ersten Blick könnte man die Britin für eine Greisin halten – dabei ist sie gerade mal 14 Jahre alt geworden. Ihre Knochen sind von der Osteoporose mürbe, die Haut ist dünn wie Papier und sie hat alle Haare verloren. Diese seltene Krankheit lässt die Betroffenen ungewöhnlich schnell altern. Welch grausames Schicksal.

Für das Mädchen aus Bexhill-on-Sea (Südengland) ist das Wort „Aufgeben" ein absolutes Fremdwort und sie möchte mit ihrem Schicksal anderen Menschen neuen Mut schenken. Hayleys Lebensmut ist bis heute ungebrochen, die Gedanken an ihren Tod schiebt sie weit weg. Wie andere Mädchen in ihrem Alter schwärmt sie von Justin Bieber und wie andere Teenies hofft sie auch auf die große Liebe.

Progerie: ist eine Erkrankung, die auf einem Defekt eines Strukturproteins in der Matrix des Zellkerns beruht. Dieses Protein, Lamin A, bildet im Innern des Zellkerns ein Gerüst aus Fibrillen, das nicht nur für die Strukturstabilität wichtig ist, sondern auch wichtige Aufgaben beim Ablesen der Erbinformation (Organisation des Transkriptionskomplexes) und bei der Kernteilung hat. Quelle: Universitätsklinik Münster (Klinik und Poliklinik für Kinderheilkunde).

Einige Kinder mit dem Hutchinson-Gilford-Progerie-Syndrom erreichen das Erwachsenenalter; im Durchschnitt werden sie aber nur etwa 13 Jahre alt. Progerie steht für eine Erkrankung, die eine vorzeitige Vergreisung beschreibt. Der Begriff Progerie bedeutet "vorzeitiges Altern". Es gibt verschiedene Formen der Progerie: Bei Kindern tritt das sehr seltene Hutchinson-Gilford-Progerie-Syndrom (HGPS; Progeria infantilis) – auch Progerie Typ I genannt – auf. An Progerie Typ II (Werner-Syndrom) erkranken dagegen nur Erwachsene.

Quelle: Stand: 15. Februar 2012Autor: Onmeda-Redaktion, Medizinische Qualitätssicherung: Dr. med. Weiland, Dr. med. Waitz.

Ich glaube, dass es ein tolles Buch ist. Es ist informativ und interessant und erklärt diese Krankheit. Es hat mich sehr berührt. Vorsicht: Sie könnten weinen. Dieses Buch gibt es leider nur in der englischen Sprache.

I think it is a great book. It's informative and interesting and it really spreads the word for the disease. It's touching and brings out so many differant emotions into me. Warning: you might cry.

This book is unfortunately only in English.

Kurzbeschreibung des Buches: Hayley Okines is like no other 13-year-old schoolgirl.In Old Before My Time, Hayley and her mum Kerry reflect on her unusual life. Share Hayley's excitement as she travels the world meeting her pop heroes Kylie, Girls Aloud and Justin Bieber and her sadness as she loses her best friend to the disease at the age of 11. Now as she passes the age of 13 – the average life expectancy for a child with progeria – Hayley talks frankly about her hopes for the future and her pioneering drug trials in America which could unlock the secrets of ageing for everyone...

Über den Autor: Hayley has been the face of Channel 5's critically acclaimed Extraordinary People series since she was just 4 years old. Her films have aired to audiences of 1.7 million. Hayley is a captivating personality and is currently filming her fifth documentary Hayley's Teenage Dream which will be broadcast on C5 in September. For the first time she will also narrate the documentary.

Buchdaten: Old Before My Time: Hayley Okines' Life with Progeria

Hayley Okines, Kerry Okines, Alison Stokes

Taschenbuch: 224 Seiten - Verlag: Accent Pr Ltd (24. November 2011)

Sprache: Englisch - ISBN-10: 1908192550 und ISBN-13: 978-1908192554 - EUR 10,95

Das teuerste Buch Deutschland

Das teuerste Buch Deutschlands heißt: Codex Aureus.

Das „Germanische Nationalmuseum" zahlte vor etwas mehr als 55 Jahren für den Evangelienband mehr als eine Million Mark. 1982 wurde das Buch ein einziges Mal öffentlich ausgestellt; damals allerdings nahm man die wertvolle Handschrift auseinander, präsentierte jedes Blatt einzeln und ließ eine Faksimileausgabe drucken.

Das Buch „Codex Aureus" hat heute einen Wert von mehr als 80 Millionen Euro. Ein ganzes Kollektiv arbeitete im Skriptorium des Benediktinerklosters Echternach über Jahre hinweg an diesem Werk. 2007 zeigt ihn das Germanische Nationalmuseum zum ersten Mal seit 25 Jahren wieder der Öffentlichkeit. Forscher konnten, dank neuester technischer Untersuchungsmethoden, mehrfache Übermalungen der Bildteile und zahllose Korrekturen der Texte nachweisen. Im Laufe der dreimonatigen Präsentation wurden die äußerst klima- und lichtempfindlichen Bild- und Zierseiten sukzessive umgeblättert, so dass interessierte Besucher das ganze Werk im Original besichtigen konnten. Im Jahre 1045 schrieben die Buchkünstler der Abtei den gesamten Evangelien-Text mit goldener Tinte auf Pergament, auch das Folioformat von etwa 40 Zentimetern Höhe war für damalige Verhältnisse ungewöhnlich groß. So entstand der Name „Codex Aureus".

Vorsicht Falle: Ihre Webseite wurde beurteilt

Meine (Jutta) Webseite wurde mit „sehr gut" beurteilt. Ist das nicht toll? Mitten im Urlaub erreichte mich diese Nachricht, die von einer Jana Schemmel oder Sonja Lichtenau – oder wer auch immer, verschickt wurde. Lt. der E-Mail die ich bestimmt nicht als einziger bekommen habe, würden jede Woche von www.usersagen.de interessante Webseiten bewertet und mit einem Testsiegel ausgezeichnet. Und wenn ich dann Teil dieses Branchen Online Verführers geworden bin, dann habe ich viele Vorteile – unter anderem TV Spots auf Pro7 und Sat1.

Eine positive Bewertung, noch dazu von unabhängigen Verbrauchern, das ist doch mal was anderes als der sonst aus den Foren gewohnte harsche Gegenwind, den ich in den letzten Wochen per Mail erhalte, nachdem wieder ein Buch von mir in der Beststellerliste zu finden ist. Es ist auch für mich nicht einfach, mir immer wieder den Neid neu zu erarbeiten.

Kommen wir zurück auf die E-Mail „Ihre Webseite wurde bewertet" von deutschlandsbesteshops.de, die geschrieben wurde von Jana Schemmel und unterschrieben mit dem Namen Sonja Lichtenau. Also wer schreibt mir denn nun? Jana Schemmel oder Sonja Lichtenau? Wahrscheinlich keine von beiden. Fragt sich nur, ob die Dame auf dem mitgeschickten Bild weiß, für welchen Mist sie da ihr Gesicht hergibt.

Originaltext aus meiner E-Mail:

Das sagen Verbraucher über Ihre Webseite!

Sehr geehrte Damen und Herren,

jede Woche werden auf www.usersagen.de interessante Webseiten bewertet und mit dem ersten und einzigen Testsiegel ausgezeichnet, das ausschließlich von Verbrauchern vergeben wird. Ihre Webseite wurde dabei mit der Note „sehr gut" ausgezeichnet! Sie haben sich daher qualifiziert, Teil des 1. Branchen-Online-Verführers www.deutschlandsbesteshops.de zu werden. Denn nur die Anbieter mit dem Testsiegel „Test Online Shop sehr gut" werden hier aufgenommen. Ziel des neuen Wegweisers ist es, den Nutzern im Online-Dschungel mehr Transparenz, Qualität und Sicherheit bei der Auswahl von Online-Angeboten zu ermöglichen und den ausgezeichneten Anbietern mehr Umsatz zu generieren.

Ihre Vorteile: + TV-Werbung für Sie, Ihre Webseite wird in unseren TV Spots auf Pro7, Sat1, Kabel 1 und ZDF präsentiert. + Kostenfrei testen, Sie testen uns 4 Wochen - unverbindlich und kostenfrei. + Steigende Umsätze für Sie, Jede Bewertung auf www.usersagen.de wird den Teilnehmern attraktiv honoriert. Die Guthaben werden ausschließlich für den Einkauf, auch in Ihrem Shop, verwendet. + Neue Kunden durch Ihre Auszeichnung, Vertrauen schaffen mit dem ersten Testsiegel für Online-Shops, das zu 100% von Verbrauchern vergeben wird. Werben Sie mit Ihrer Auszeichnung „TEST Online Shop sehr gut". + Zusätzliche Besucher für Ihre Webseite, Über die angeschlossenen Werbenetzwerkpartner werden zusätzliche Besucher auf Ihre Webseite geleitet. + Kostenfreie PR für Ihre Webseite, Über

Ihre Webseite wird in den wichtigsten Presseportalen berichtet. Machen Sie Ihre Spitzen-Beurteilung gleich publik, steigern Sie jetzt Ihre Besucher- und Umsatzzahlen und tragen Ihre Webseite unter folgendem Link gebührenfrei ein: http://deutschlandsbesteshops.de/profil-datenblatt.html, Wir wünschen Ihnen weiterhin viel Erfolg!, Mit den besten Grüßen, Sonja Lichtenau, P.S. Die Einträge sind limitiert. Melden Sie Ihre Webseite direkt an!, Newsletter ABMELDEN, DEUTSCHLANDS BESTE SHOPS ®   , Eine Marke der Ubag Tech AG, Kernser Str. 17, 6060 Sarnen, E-Mail: info@deutschlandsbesteshops.de, Web: www.deutschlandsbesteshops.de, HR-Nr. CH-320.3.027.666-1, St. Gallen, UID CHE-106.175.957

Nach meiner Recherche kam ich zu folgendem Ergebnis:

Für die Nennung meiner Webseite soll ich nach einer vierwöchigen Probezeit 55 Euro monatlich zahlen. Der Vertrag läuft im Anschluss an diese „kostenlose 4 Wochen" 12 Monate und verlängert sich natürlich automatisch, wenn nicht rechtzeitig gekündigt wird. Klingt für mich nach einer klassischen Abo-Falle, nur dieses Mal beworben mit einer vermeintlichen Auszeichnung. In diesem Sinne, passt auf euch auf. Beste Grüße von Jutta Schütz.

Verlagsabzocke

Mein (Jutta) Appell an alle Neu-Autoren

© 2013 Jutta Schütz

Es hat mich (Jutta) wieder eine Mail erreicht, in der mir ein Autor sein Leid schildert, auf einen dubiosen Verlag herein gefallen zu sein. Aus diesem Grunde starte ich heute diesen Appell.

Vorweg möchte ich darauf hinweisen, dass nicht jeder Zahlverlag ein Abzocker oder DKZV (Druckkostenzuschuss-Verlag) ist. Ich empfehle jedem Autorenneuling „viele Stunden" im Netz über Verlage zu recherchieren. Zurzeit werden Verlage gegründet, die nur darauf aus sind, Autoren um ihr Geld zu bringen. Lasst euch nicht von einer super aufgemachten Webseite blenden.

Wenn euch ein Verlag interessiert, dann recherchiert so lange wie ihr könnt im Internet. Kommt ein Verlag von sich auf neue Autoren zu, seid wachsam! Recherchiert über die einzelnen Namen, die im Impressum stehen, über die einzelnen Gründer des Verlages. Ihr könnt mehrere Autoren anschreiben und höflich und sachlich nachfragen, ob sie ihren Verlag empfehlen könnten. Manche Autoren sind ehrlich und schreiben zurück, dass es besser ist, weiter zu suchen. Seht euch die Webseiten der Autoren an, ob sie ihren Verlag erwähnen.

Die neueste Masche junge Autoren abzuzocken, ist zurzeit die Verkoppelung „Verlag mit einem eingetragenen Verein". Ein "eingetragener Verein" ist im Vereinsregister des örtlichen Amtsgerichtes eingetragen und erlangt dadurch eine eigene Rechtsfähigkeit. Er wird wie eine eigenständige juristische Person behandelt und trägt hinter dem Vereinsnamen die Kennzeichnung "e.V.". Bei finanziellen Verpflichtungen, die ein Verein mit sich bringt, ist es zweckmäßig, sich den bürokratischen Voraussetzungen für eine vollwertige Vereinsgründung mit Haftungsbeschränkung zu unterziehen. So werden die einfachen Mitglieder abgesichert und aus der Haftung entlassen. Leider werden bei dieser Masche die Autoren nicht aufgeklärt, dass sie als Vereinsgründermitglied mit ihrem gesamten Vermögen haften, wenn sie nicht aus der Haftung entlassen werden. Stellt tausend Fragen, warum dieser Verein gegründet werden soll. Sehr oft wird die Masche „gemeinnützige Hilfe" vorgeschoben. Fragt genau nach, warum ihr unterschreiben sollt! Wer nicht genug Fragen stellt, ist selbst schuld. Nur dumme Menschen lassen sich von einem geschulten Geschwätz überreden. Heute (21.09.2014) muss ich leider sagen: Es gibt Autoren, die fallen trotz negativer Erfahrung und Mobbing nach nur wenigen Jahren wieder auf die gleichen Leute herein.

Wie zuverlässig sind Produkt-Bewertungen?

© 2012 Jutta Schütz

Immer mehr Käufern fällt auf, dass etwas mit den Kundenrezensionen bei Onlinehändlern nicht stimmt. Oft wird in einer Rezension nur zum Schein eine Nebensache kritisiert, die überhaupt nicht wichtig ist. Lesern regt sich der Verdacht, dieser oder jener Rezensent habe dieses Buch nicht einmal gelesen, seine Identität ist vorgetäuscht und seine Empfehlung gezielte Manipulation.

Jeder, der schon einmal bei Onlinehändlern eingekauft hat, darf Produkte bewerten, auch Produkte, die er nicht selbst dort erworben hat. Onlinehändlern scheint das wenig zu interessieren – die Rezensionen bedeuten schließlich Content für die Website. Bis zu jede vierte Bewertung ist gefälscht und die Fakes sind ein lukratives Geschäft. In Online-Shops vertrauen viele Kunden bei der Wahl ihrer Produkte auf die Meinungen anderer Nutzer. Aber wie glaubwürdig sind die vermeintlich echten Bewertungen?

Forscher der Universität „Pennsylvannia und der Stanford Graduate School of Business" haben die Verkaufszahlen von 250 belletristischen Büchern, die in der "New York Times" rezensiert wurden, analysiert. Es wurden die Verkaufszahlen untersucht „vier Wochen vor und vier Wochen nach Erscheinen der Buchkritik. Dabei fanden die Forscher heraus, dass Bücher etablierter Schriftsteller mit einer negativen Kritik sich schlechter verkauften – der Umsatz ging um 15% zurück. Dagegen verkauften sich Bücher von unbekannten Autoren sehr viel besser – der Umsatz stieg um 45%. Verbraucher wurden durch die Kritik erst auf das Buch aufmerksam, das sie sonst überhaupt nicht wahrgenommen hätten.

2009 wurde schon bekannt, dass der amerikanische Elektronikhersteller „Beklin" Amazon- Rezensionen gekauft hatte. Ein Mitarbeiter dieser Firma hatte für jede positive Bewertung 0,65 Euro geboten. Der Schwindel flog auf und die Rezensionen wurden entfernt. Das Unternehmen entschuldigte sich, aber der Image-Schaden für Beklin blieb.

Auch ist es besonders perfide, gefälschte Lob-Rezensionen zu schreiben, damit der Verdacht erzeugt wird, dass der Verlag und der Autor seine Bücher durch gefälschte Rezensionen pusht. Bei solch einer positiven Rezension, die gefälscht ist, wird sich jeder fragen, wem nützt das Lob? Natürlich dem Autor und dem Verlag. Damit dies funktioniert, sind solche Lob-Rezensionen absichtlich so plump und inhaltsleer geschrieben, dass auch der unbedarfteste Leser stutzig werden und an der Echtheit des Verfassers zweifeln muss.

In diesem Sinne: any news is good news

Bücher sind:
„Das Offenbaren des Verborgenen
in einem Kunstwerk"

Bücher leben in erster Linie von ihrem Inhalt. Aber was macht ein gutes Buch aus? Ein Buch muss sich anfassen lassen, denn das Betasten eines Buches ist ohne Frage ein sinnliches Erlebnis - und ein gutes Buch ist es dann, wenn sich bei jeder erneuten Lektüre immer noch neue Aspekte eröffnen - dazu gehört der Plot ebenso wie die Sprache.

Natürlich sind Themen ähnlich, schließlich können Autoren nicht bei jedem Buch das Rad neu erfinden, aber ein gutes Buch hat immer irgendetwas ganz Besonderes - seien es schöne Beschreibungen, Sprachwitz, besondere Charaktere, o.ä.

Es liegt sicherlich im Auge des Betrachters, ob ein Buch nun gut oder schlecht ist. Ein Buch, das schön geschrieben ist, dessen Geschichte vielleicht nicht so sehr mitreißt, wird der Leser dennoch bis zur letzten Seite lesen. Ein wirklich gutes Buch ist jedoch eines, in dem beides ineinander greift, in dem man sowohl in die Sprache als auch in die Geschichte eintauchen kann, eines, auf das man sich schon wieder freut, wenn man das Lesezeichen zwischen die Seiten legt und den Buchdeckel schließt.

Ein gutes Buch wird im Kopf weiter umher springen und in das Herz und in die Seele eintauchen. Es lässt nachdenken, mitfühlen und es bringt einen zum Lachen und zum Weinen und es wirkt noch lange nach, auch wenn es schon längst fertig gelesen ist.

Das perfekte Buch für eine lange Bahnfahrt ist sicherlich ein anderes als jenes, das wunderbar zu einer ruhigen Stunde mit einem Gläschen Rotwein passt. Eines gilt jedoch generell: Ein gutes Buch lässt den Leser niemals unberührt zurück.

Und zu guter Letzt möchte ich am Ende des Buches nicht das Gefühl haben, die/der Autorin habe eigentlich ein Werk über 600 Seiten schreiben wollen, der Verlag habe sie aber dazu gezwungen, nach 350 Seiten fertig zu sein: Also bitte kein Holterdipolter-Schluss, der inhaltlich an Krücken geht und sprachlich in den Angeln quietscht.

Ein kreatives Buchcover weckt Emotionen

Ein gutes Buchcover sollte eine Botschaft überbringen – es tritt in einen Dialog mit dem Betrachter, weckt Emotionen und sollte auf den ersten Blick fesseln.

Erfolgreiche Bücher müssen interessant angezogen sein, ein gutes Cover ist das intelligente Spiel zwischen Wort und Bild. Es muss Aufmerksamkeit erregen und in den Verkaufsläden bestimmte Regeln einhalten, aber im Corporate Publishing Regeln brechen. Es muss beim Gestalten des Covers überlegt werden, ob es der Zielgruppe gefällt und auch mit der Geschichte (Inhalt), die das Buch erzählt, übereinstimmt - es sollte eine Art „Türöffner-Funktion" besitzen, sodass man es in die Hand nimmt. Ein gutes Buchcover macht ca. 40% der Kaufentscheidung aus, also sollte man sich jede Menge Mühe damit geben.

Wie könnte man erfolgreiche Menschen beschreiben?

In jedem Bereich finden wir erfolgreiche Menschen, die auf spannende und lässige Art und Weise leben und arbeiten. Diese sind sehr erfolgreich, humorvoll, selbstbewusst „ mit Ecken und Kanten" aber auch großzügig. Sie erreichen ihre Ziele und können gleichzeitig das Leben in vollen Zügen genießen. Sie sind stark und immer zum Sprung bereit.

Erfolgreiche Menschen haben ein paar gemeinsame Nenner: Sie sind sich ihrer Stärke bewusst, benutzen sie und arbeiten mit ihrer Stärke.

Erfolgreiche Menschen lieben das, was sie tun - und wenn man das liebt, was man tut, fällt einem vieles leichter. Außerdem sind diese Powermenschen zielorientiert. Ihr Motto ist: Ohne Fleiß kein Preis, Erfolg kommt nicht von heute auf morgen. Es steckt oft viel Arbeit dahinter, überwundene Schwierigkeiten sowie auch einige Rückschläge zu bearbeiten. Auf dem Weg nach oben müssen sie viele Entscheidungen treffen und erfolgreiche Menschen können auch schnell Entscheidungen treffen.

Wer sein Ziel kennt, dem fällt es einfach leichter, Entscheidungen zu treffen! Rückschläge, Probleme, Enttäuschungen werden als Chancen und Erfahrungen wahrgenommen, denn wer bei jeder Schwierigkeit eine Kehrtwende macht, wird sein Ziel kaum erreichen. Das ist auch eine Eigenschaft, die den Erfolg fördert.

Den Satz „Das kann ich doch nicht" wird man von erfolgreichen Menschen niemals hören, stattdessen hört man sie antworten: „Probieren wir es mal". Erfolgreiche Menschen suchen keine Ausreden, sondern finden Chancen und Wege. Sie haben in der Regel viele Kontakte, viele Freunde und noch mehr Neider, die ihnen zeigen, dass der Weg, den sie eingeschlagen haben, wohl der richtige ist.

Wirklich erfolgreiche Menschen sind aber auch dankbar für das, was sie erreichen konnten und zeigen diese Dankbarkeit auch im Umgang mit Anderen. Leider fehlt vielen „vermeintlich erfolgreichen" Menschen diese Eigenschaft. Aus diesen Gründen ist es sehr wichtig, sich von solchen Schleimern „die auch noch aus dem Hinterhalt beobachten" schnellstmöglich zu trennen. Erfolgreiche Menschen reflektieren sich immer wieder neu und sind auch bereit, Umwege zu gehen und genießen den Weg zum Ziel. Die Meilensteine, ihre Ziele kommen ihnen auf halber Strecke entgegen. Ihre Arbeit oder Berufung empfinden sie nicht als Arbeit – es ist ein Ausdruck von Selbstverwirklichung. Wer meint, mit Leistung, die er irgendwie aus dem Ärmel geschüttelt hat, würde er die Welt von sich begeistern, der irrt schwer, denn wer nicht bereit ist, sein Bestes zu geben, wird keinen Erfolg ernten.

Qualität ist auch im Zeitalter der Discounter ein Erfolgskriterium. Wer andere an seinem Erfolg teilhaben lässt und anderen zu ihren eigenen Erfolgen verhilft, wird am Ende besser dastehen als derjenige, der alle anderen Menschen als Feinde seines Erfolges und Gegner seines Handelns ansieht.

Erfolgreiche Menschen haben Charisma! Schon seit langer Zeit interessieren sich Menschen dafür, was einen charismatischen Menschen ausmacht. Nun beschäftigt sich auch die psychologische Forschung mit der Frage, ob Charisma lernbar und bewusst einsetzbar ist. Bittet man Menschen, bekannte charismatische Persönlichkeiten aufzuzählen, fallen ihnen oft Namen ein wie Dalai Lama, Gandhi, Marilyn Monroe, Willy Brandt oder US-Präsident Barack Obama. Menschen mit Charisma wirken auf andere Menschen anziehend, strahlen Selbstvertrauen, innere Ruhe und eine tiefe Zufriedenheit aus und haben das berühmte gewisse Etwas. Heute, im Zeitalter der demokratischen Massen- und Mediengesellschaft, hat das Wort „Charisma" (stammt aus dem Griechischen und bedeutet „Gnadengabe") seine ursprüngliche Bedeutung verloren. Wenn man fragt, wie denn die charismatischen Menschen eigentlich sind, blickt man meist in ziemlich ratlose Gesichter. Einige behaupten, es ginge etwas Magisches von ihnen aus. Andere sagen aus, dass charismatische Menschen gerne außergewöhnlich handeln, sie denken nicht auf ausgetrampelten Pfaden, die Meinungen anderer interessiert sie wenig und sie sind in der Lage in ihrem Leben völlig neue Wege zu gehen.

Psychologisch gesehen, ist „Charisma" die Summe aus Charme, Selbstvertrauen, Kraft und Begeisterungsfähigkeit. Man hört ihnen gerne zu und sie ziehen andere in ihren Bann. Betreten sie einen Raum, füllen sie diesen mit ihrer Persönlichkeit. Charismatische Menschen besitzen eine große Sensitivität, die es ihnen ermöglicht, schnell sehr tiefe emotionale Verbindungen zu anderen aufzunehmen. Die soziale Facette sorgt dafür, dass sie die Stimmung und Atmosphäre in Gruppen schnell erfassen und sich taktvoll auf sie einstellen.

Sie haben dies nie erlernt, sondern diese Fähigkeit unbewusst entwickelt - sie sind also irgendwie so geworden. Laut einer britischen Studie ist ein stabiles und intensives Selbstwertgefühl die Basis für eine charismatische Ausstrahlung. Dieses entsteht nicht von heute auf morgen, aber man kann daran arbeiten. Das tiefe Vertrauen in seine eigenen Stärken wirkt sich positiv auf das Selbstbewusstsein aus, die Körperhaltung verändert sich, der Kopf blickt zielgerichtet nach vorne und der Rücken ist aufrecht.

Das Aktuelle und das Vergangene haben uns zu dem gemacht, wie wir heute sind. Jeder Mensch hat seine zahlreichen positiven Seiten, auf die er stolz sein kann. Charismatische Menschen kennen keinen Stillstand und sie wachsen mit jeder Aufgabe des Lebens. Sie leben ihren Charme, haben ein authentisches Leben und akzeptieren auch ihre Schattenseiten.

Die eigenen Fähigkeiten und Stärken kennenzulernen und die Schattenseiten zu akzeptieren, ist der erste Schritt zu einer charismatischen Ausstrahlung. Charisma ist und bleibt immer noch eine sehr komplizierte Sache. Psychologen kennen zwar das Rezept und die Zutaten für das Erfolgsgeheimnis, aber das Ergebnis hängt immer davon ab, wer den Kochlöffel schwingt.

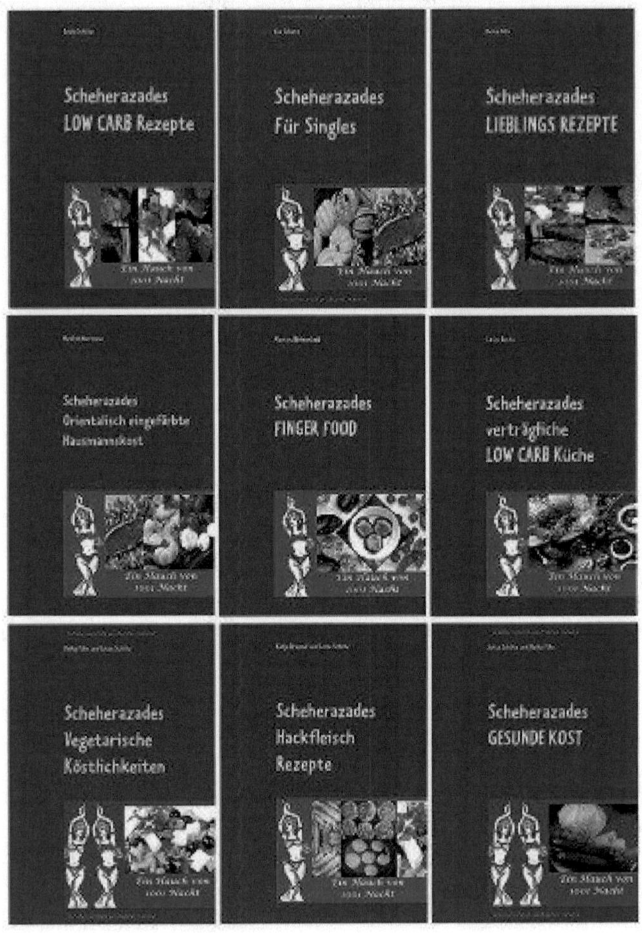

Buchreihe "SCHEHERAZADE" Rezepte aus 1001 Nacht

Ein Autorenkreis widmet sich der orientalischen Kochkunst.

Viele verschiedene Autoren beteiligen sich nacheinander an diesem Großprojekt, die auf einer Idee von der Autorin Jutta Schütz basiert.

In der Einleitung erzählt die Autorin Schütz (in jedem Buch zu finden) kurz die Geschichte von Scheherazade. Sie basiert auf einer alten persischen Märchensammlung mit dem Namen Hezâr Afsâna, Tausend Mythen.

Anschließend kommen die Rezepte des Autors.

Siehe Webseite „Buchprojekte": www.jutta-schuetz-autorin.de/

Auch beim Schreiben gilt, wer erfolgreich werden möchte, muss den Mut aufbringen, die vorhandenen Fähigkeiten und Leistungsreserven auszuschöpfen.

Es reicht nicht aus, nur darüber nachzudenken – man muss es auch tun.

Wenn Sie das Außergewöhnliche erreichen wollen, dann ist es wichtig, dass Sie außergewöhnlich denken und handeln.

Haben Sie schon einmal von einem außergewöhnlichen Durchschnittsmenschen gehört?

Ich nicht. Entweder ist jemand durchschnittlich, was Mittelmaß bedeutet oder er ist außergewöhnlich.

Versuchen auch Sie es, erfolgreich zu leben und ihre Fähigkeiten auf eindrucksvolle Weise einzusetzen. Sie verleihen damit Ihrer Persönlichkeit eine unverwechselbare und exklusive Note.

Suchen Sie auch nach Möglichkeit, anderen Menschen zu helfen und diesen etwas zu geben.

Es gibt viele Perspektiven, finden Sie heraus, auf welchem Gebiet Sie besonders gut sind und nutzen Sie diese Chance.

Wer sich in schlechten Zeiten auf die positiven Aspekte des Lebens konzentriert, wird alle Hürden mit Bravour meistern.

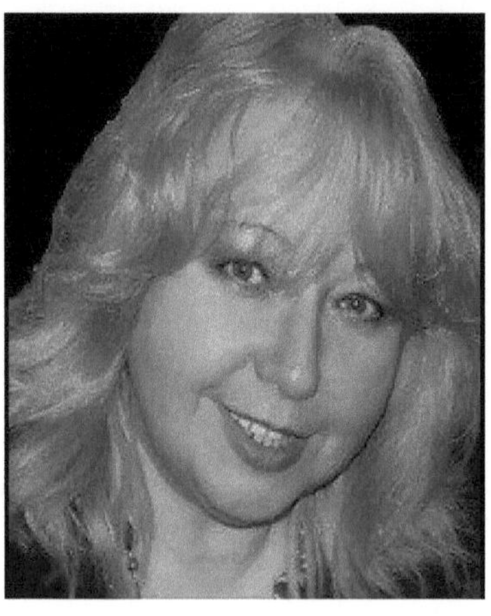

Jutta Schütz wurde in Lebach (Saarland) geboren.

Mit ihrem ersten Bestseller „Plötzlich Diabetes" gilt
die Autorin bei Kritikern als Querdenkerin.
2010 startete sie mit ihren Gesundheitsbüchern ihr Pilotpro-
jekt in Bruchsal und später bei der VHS in Wolfsburg.
Sie hat bis heute über 40 Bücher geschrieben und an vielen
anderen Büchern mitgewirkt.
Als Journalistin schreibt Schütz für viele Verlage und Zeitungen. Ihre Themen sind: Gesundheit, Kunst,
Literatur, Musik, Film, Bühne, Entertainment.

Mehr Infos finden Sie auf der Webseite der Autorin.
www.jutta-schuetz-autorin.de/